课堂教学新样态丛书

丛书主编 杨四耕

协同教学

意蕴与智慧

陈珏玉◎主编 许 珺◎副主编

华东师范大学出版社
·上海·

图书在版编目(CIP)数据

协同教学：意蕴与智慧/陈珏玉主编. —上海：华东师范大学出版社,2018

(课堂教学新样态丛书)

ISBN 978 - 7 - 5675 - 8163 - 0

Ⅰ.①协… Ⅱ.①陈… Ⅲ.①课堂教学-教学研究-小学 Ⅳ.①G622.421

中国版本图书馆 CIP 数据核字(2018)第 187562 号

课堂教学新样态丛书

协同教学：意蕴与智慧

丛书主编　杨四耕
主　　编　陈珏玉
副主编　许珺
策划编辑　刘佳
项目编辑　林青荻
责任校对　邱红穗
装帧设计　卢晓红　刘怡霖

出版发行　华东师范大学出版社
社　　址　上海市中山北路 3663 号　邮编 200062
网　　址　www.ecnupress.com.cn
电　　话　021 - 60821666　行政传真 021 - 62572105
客服电话　021 - 62865537　门市(邮购)电话 021 - 62869887
地　　址　上海市中山北路 3663 号华东师范大学校内先锋路口
网　　店　http://hdsdcbs.tmall.com

印 刷 者　浙江临安曙光印务有限公司
开　　本　787×1092　16 开
印　　张　14.75
字　　数　207 千字
版　　次　2018 年 9 月第 1 版
印　　次　2022 年 4 月第 3 次
书　　号　ISBN 978 - 7 - 5675 - 8163 - 0/G·11401
定　　价　48.00 元

出 版 人　王 焰

被重新定义的课堂

　　苏联教育家赞科夫在《教学与发展》一书中指出：课堂教学必须"使班上所有的学生都得到一般发展"。也就是说，课堂教学要引导学生在认知、情感、技能等方面发生整体改变，在思维方式、情感体验、思想境界、为人处世等维度发生实质性变化；课堂教学应释放出生命感、意义感、眷注感、智慧感、美妙感、意境感、期待感……

　　长久以来，我们的课堂特别重视知识传承，以致许多学生能从容应对考试，却在生活中显得无能。有一位德国专家说："你们的教科书比我们的教科书厚，你们的题目比我们的题目难，但是你们得买我们的货。"这句话给我们的教育敲响了警钟，值得每一个人思考：请给知识注入生命，用经验激活知识，用智慧建构知识，用情感丰富知识，用心灵感悟知识，用想象拓展知识，让知识变得鲜活，让孩子们领悟到生命的伟岸！课堂教学是思想与思想的碰撞，是心灵与心灵的相遇，是生命与生命的对话，让我们用热情去拥抱课堂——课堂是眷注生命的地方。

　　我们必须清醒：如果把揭示人生的意义看作是认识论的任务，我们就永远不可能把这个意义揭示出来，因为，知识的增长并不一定使生活变得完美。当认识、知识成了第一性的东西，情感和意志便成了奴仆。这样，一个人受的教育越多，他们的思想就越会被包裹在一层坚实的知识硬壳之中。其实，臻达人性完美需要"另一种"教学，这种教学与理解融合，教学本身即理解，理解本身即教学。教学是生命意义的澄明，使人不断地自我超越，"不停地'进入生活'，不停地变成一个人"。说白了，课堂里蕴涵着"人是什么"的答案。因此，在一般意义上，教学即对理解的自觉追求；在终极意义上，教学即理解。它们共同揭示了一个深刻的道理：课堂是善解人意的地方。

俄国教育学家乌申斯基曾经说过："教育的主要目的在于使学生获得幸福，不能为任何不相干的利益而牺牲这种幸福。"诺丁斯也提过："一种好的教育就应该极大地促进个人和集体的幸福。"课堂教学是师生双边活动，没有教师幸福地教，也就没有学生幸福地学。当老师和学生积极参与到课堂教学之中，让生命释放意义感，他们就能在丰富多彩的教学活动中成长，获得生命意义上的幸福感。幸福是人类的永恒情结，课堂教学不仅应给人高品位的精神生活，而且应给人高品位的幸福体验。从一定意义上说，课堂是守望幸福的地方。人的一生能否过得幸福，很大程度上取决于他今天在课堂生活中能否获得幸福。这或许就是课堂教学的深刻意义所在。

我们的课堂善用纪律规范行为，用训练规约思想，却漠视人的情感与独特感受，课堂因此没有了盎然的生气。课堂理应是春暖花开的地方，宁静，安全，温馨，轻松。在这里，有家的感觉，不用担心"万一说错了怎么办"，孩子们敢于说"我有不同的想法""老师，你讲错了"；在这里，孩子们不怕"露怯"，不怕"幼稚"，能道出困惑，能露出观点，能形成质疑；在这里，有诗情画意，有奇思妙想，有思维碰撞，有情景，有灵气，课堂因此有了一种奇妙的意境感。

课堂也是为放飞梦想而存在的。孩子们充满想象，面对这个世界，他们无拘无束，内心有太多美好的期待。他们渴望走向社会，走进自然。课堂是广袤的天地，上下五千年，纵横数万里，任你穿越。课堂中心、书本中心、教师中心，多么不堪一击！课堂教学要回归曾经远离了的生活世界，穿越时间隧道，把过去、现在、未来浓缩在一起，跨越空间的界碑，让孩子们享受人类文明的成果。由此，课堂是凝视梦想的地方，这里有未来，有远方，有充满张力的诗……

怀特海说："教育只有一个主题，那就是五彩缤纷的生活。但我们没有向学生展现生活这个独特的统一体，而是教他们代数、几何、科学、历史，却毫无结果；……以上这些能说代表了生活吗？"怀特海的观点是令人深思的：知识并不代表生活，生活需要智慧。很多时候，课堂与知识无关；课堂是一种态度、一种生活。有什么样的态度，就有什么样的生活。课堂教学的核心意义在于传递生活态度，让孩子们彻底明白：生命的厚度在于拥有静谧的时光，让心灵溢满宁静与幸福。这样，课堂教学有效性就能提高，课堂就不再是每一分钟都压得学生"喘不过气来"。无论如何，我们应该懂得，课堂是一个酝酿牵挂的地方。

派纳在《健全、疯狂与学校》一文的结语中说："我们毕业了，拿到了证书却没有清醒的头脑，知识渊博却只拥有人类可能性的碎片。"这多么令人深思啊！当人的需要、价值、情感被淹没在单纯的知识目标之中，生命感在这里便荡然无存。将课堂教学视为纯粹的认识活动，片面发展人的认识能力，看不到人的整体"形象"，特别是作为"在场的人"的"整体形象"被抽象；放眼世界，人之精神远遁，迷失于庞大的"静止结构"，这便是"教学认识论"的"悲剧范畴"。其实，课堂是一个意义时空，教学即谈心，学习即交心。当我们真正把学生看作活生生的人，就会发现：原来，课堂是点亮心灵的地方。

课堂教学是富含智慧和艺术的活动。只有把教师的主导性和学生的主动性都激发出来，才能算作真正的课堂教学。说白了，课堂是智慧碰撞的地方。课堂教学要善于抓住转瞬即逝的思维亮点，促成智性的提升和灵性的妙悟。如何围绕教学目标，理清教学思路，选用教学方法，驾驭教学机制，促进孩子们智性跃迁与灵性发展？如果我们只是单纯地传授知识，教师拼命讲，学生认真听、被动地接受，长此以往，学生的大脑便会"格式化"，发展便得不到真正的保障，他们只能在大脑中形成直线型知识反馈通路，无法呈现富有生命情愫的、饱满的人的形象！

对于课堂，我们可以有无穷的定义。一位哲人曾经说过："一种文化首先意味着一种眼光"，"眼光不同，对所有事情的理解就不同"。当课堂被重新定义的时候，当我们真切地回归课堂教学人文立场的时候，检视课堂教学的"眼光"便有了新的角度，课堂教学便有了新的样态。

杨四耕

2022 年 3 月 8 日于上海市教育科学研究院

目 录

第一章　满意：共谱卓越的教育诗篇 / 001

　　教育就是一棵树摇动另一棵树，一片云推动另一片云，一颗心撼动另一颗心。用智慧启迪懵懂的思想，用真诚滋润枯竭的心田，用协同创造满意的课堂。协同教学不仅提高了学习效率，还如涓涓细流，滋养着学生，让儿童维持着饱满的学习精神，让他们乐于参加各项协同学习活动并乐在其中。

第二章　和谐：共创和谐融洽的氛围 / 039

　　"和谐"的氛围主要体现在我们努力构建民主的师生关系、灵动的教学关系、融洽的生生关系和协同的课内外关系。"和谐"，它强调师与生、生与生之间平等的交流、思维的共鸣，实现教师有效教学、学生高效学习，促进儿童健康成长，是在课堂中提升学生核心素养的基础环境需求，追求的是营造和谐轻松的协同教学环境。

第三章　努力：追求卓越的持续态度 / 081

　　教师能时时关注学生协同学习问题、积极寻找解决问题的途径，努力提高协同质效。教师与教师之间坚持不懈地沟通和协调，尽最大可能为学生打开知识的大门，让学生在知识的海洋中遨游；学生能专注学习，主动寻找协同学习伙伴，共同尝试并能用合适的学习方式完成任务。努力，是师生们共同追求真理，积极进取的心态；是敢为人先、锲而不舍的执着态度，绿色协同教学的开展离不开师生的共同努力。

第四章　活力：儿童立场迸发的精彩 / 125

　　有活力的教学连接着真实生活情境,成就着更有活力的课堂。有活力的协同课堂是教师集多学科智慧所生成,引导和促进学生的学习;活力的协同教学是科学与人文精神的相融并立,在培养学生掌握基本的知识与技能的同时,更在培养全面发展的现代人。学生在充满活力的协同教学活动中,通过自主探究、合作分享,高效地完成学习任务。

第五章　规范：制定清晰明确的流程 / 171

　　协同教研是一种跨学科的教研组织形式。同一年级组的各科教师基于协同共享教学资源的前提将建协作科研团队。规范不仅代表教师团队教学的严谨态度，而且是实现课堂高效的推动力，而将其运用到教学实践中，则进一步体现出协同教学的科学性与合理性。规范的教研流程不仅能够合理有效地落实协同教学工作，更是帮助教师团队构建大课程观的一种有效载体。

前　言

突破分科教学的局限

近年来,随着核心素养概念的提出,以及教育综合改革的深化探索,学校层面再度兴起以跨学科为特征的统整式课程改革。统整式课程改革改变传统分科教学只注重学科知识、强调课堂教学的教学模式,以跨学科课程为基础,打破学科内容、学习时空和学科教师间的边界,重构新型的课程形态。

我校自 2005 年起即开始在学校中开展跨学科课程统整的研究探索,这一研究被我们称为"协同教学"。"协同教学"是一种教师合作的教学组织形式,打破以教师个人为主的教学方式,由不同专长的教师组成教学团队,对班级的学生采取大班教学、小组讨论、独立学习或者个别指导的方式,完成某一单元或者某一领域的教学活动。它源于我们力图改变分科教学弊端的思考与实践,同时将着力点放在基础型课程,其理念符合二期课改关于国家课程校本化实施的精神,并从课程统整力、课程开发力、课程执行力等方面有效提升了我校的课程领导力。

我校"协同教学"主要经历了三个阶段:

第一阶段自 2005 年至 2008 年。在这三年期间,我们通过寻找学科间的协同资源点,形成了各学科的《跨学科统整指南》,并在教学实践中不断予以完善。

第二阶段自 2008 年至 2013 年。在这五年期间,我们逐步形成跨学科协同教研的机制,通过定时、定点和定员来进一步规范协同教研的流程与内容,并由年级组长作为每个协同教研组的负责人,统筹安排协同教学的内容主题以及讨论执教内容,同时通过听评课机制来进一步反馈协同教学的有效性。

第三阶段自 2013 年至今。在这五年期间,我们在已有协同教学的基础上,提出了"GREEN 协同教学",目的就在于通过开展基于小学生协同学习的教师教学策略研究,使协同教学得以绿色实施。

三个阶段的实践研究，主要基于我们对课程实施的认识，是在共性基础上形成学校独特的适合自身实际的个性化的实践追求与操作策略。它不仅让学生获得体验、提高、充实，让教师获得历练和提升，同时也让学校得以长足地发展和提升，形成了学校的一个教学品牌。

启动："GREEN 协同教学"的摸石过河之旅

在研究的初期，我们发现，要让更多的教师参与进"协同教学"的课题研究中，首先要做的就是提升教师的课程统整力，因此我们依次尝试通过以下两条途径来确保教师课程统整力的提升。

一、编制协同指南

在各科教学的基础上，每个年级组通过跨学科的交流，在蛛网般的知识系统中寻找所有学科教学要点的交叉点，也就是寻找"协同教学"的协同"点"。根据主题内的各科教学内容进行整理，制定相应的主题计划，并确定每个主题内各学科教学内容的教学时间及先后次序。每次的"协同教学"展示课后，教师都会对自己所观摩的协同课进行评价和反思。在这个过程中，教师们各抒己见，为"协同教学"的完善提供了许多改进意见，促进了"协同教学"的不断完善。

二、建制协同教研

为了将这一跨学科共同探讨的模式形成机制，我们提出了建立跨学科的协同教研组，这是因为教研组应当成为教师最基本的、现实的、主要的学习型组织。每个教师围绕共同的目标打造和谐的教研组，同时又不断从中汲取智慧和力量，感受相互支撑、相互激励的氛围，关注"共同"之中的不同，倡导多样化的思想、观念，让每位教师感受到教研组是自己的"家"，"协同教研"组也因此成为一个温暖而舒适的场所，一个智慧的"大家"。结合教师的意愿，我们将任教同一年级的各科教师基于课题研究的需要组建成研究组,并依据研究能力的不同而做一定的分工,这其中将大家联结在一起的便是共同的研究兴趣和研究指向。

为了进一步保障协同教研活动的时空要素,我们将学期初、学期中和学期末的三次教工学习时间给予各年级组开展协同教研活动所用,并且固定教研场所和年级组内的成员教师,赋予年级组长活动组织权和协同点决定权,以确保协同教研活动的顺畅组织和协同内容的有效落实。

一次次的协同教研活动打开了跨学科的绿色通道,不同学科教师间的交流与互动,打破了教师只局限于单一学科思考问题的壁垒,使得教师的教学设计思路得到了拓宽,课程统整能力得到了有效提升。

深化:“GREEN 协同教学”的深水攻坚之旅

2011 年绿色指标测试在上海正式施行,其目的在于引导学校关注学生的全面发展。初拿到绿色指标报告的那一刻,我们喜忧参半。喜的是我校绝大多数指标均处于区平均水平及以上,忧的是我校的学习动力指数略低于区平均水平。

我们试图找到我校学生学习动力存在不足的缘由。我们发现,以下两种情境,容易造成学生的学习兴趣低下:一是学习内容明显高于学生已有的经验水平;二是学习内容明显低于学生已有的经验水平。此外,有专家也指出,“很多学生缺少学习动力是因为他们没能把现在的学习与未来生活之间建立起联系”。一旦教师在课堂教学中忽略了这些重要因素,学生的学习动力与学习成效势必都将受到影响。

基于此,我们思考的核心便是:是否可以在原有“协同教学”实践研究的基石上,围绕基于学生问题为起点的教师教学策略进行创新和尝试,以形成协同教学的新愿景,让教师进一步明确改革的方向,增强学生的学习动力,从而更好地培育学生的核心素养。为此,我们提出了“GREEN 协同教学”的理念。GREEN 本意即绿色,同时,我们又赋予了它新的含义,即:

G:gratification 满意

这是我们的宗旨:追求学生满意的协同教学。

R：rapport　和谐

这是我们的氛围：营建和谐的协同课堂环境。

E：effort　努力

这是我们的态度：拥有积极的协同学习心态。

E：energy　活力

这是我们的教学：具有活力的协同教学活动。

N：norm　规范

这是我们的准则：依据规范的协同教研流程。

为了达成该愿景，我们把研究和实践的切入点放在寻找学生学习的真正起点上，从而改变学生的学习方式、教师的教学策略。于是，2013 年起我们以提升学生学习动力指数为突破口，结合多年的"协同教学"研究，探索了一条 GREEN 协同之路。我们在此过程中主要经历了四个阶段。

第一阶段：锚定问题、明确任务

在这一阶段，我们首先要解决如何找准问题、明确任务。我们发现虽然学生的问题起点是我们开展新一轮实践探索的核心要义，但是如何正确找到学生的问题起点才是关键。我们以微讲座、主题研讨等形式指导教师进行学情分析、发现课堂中生成的问题。在具体的操作中，我们希望教师进行如下步骤：

1. 根据已有的学科协同指南以及协同教研活动进行初步的备课设计，让学科与学科间的知识协同；

2. 通过前测单找到学生的学习起点，调整教师的教学设计，从而让学生的知识与教授的知识相协同。

在这一阶段，虽然看起来我们只是迈出了那么微小的一步，但是我们相信，成功将孕育于此。

第二阶段：聚力攻关、建构方案

学校由校长室与科研室牵头，在专家的指导下，组织部分教师形成了项目研究团队，合作探索基于学生问题为起点的学习方式。我们提出了协同学习小组的学习方式，即在班级内以四人为小组单位，学生可以自行选择组员，以学力、性格等要素组成异质学习小组，共同开展小组学习。

协同学习（Collaborative Learning）是一种通过小组或团队的形式组织学生进行学习的一种策略。小组成员的协同工作是实现班级学习目标的有机组成部分。小组协同活动中的个体（学生）可以将其在学习过程中探索、发现的信息和学习材料与小组中的其他成员共享，甚至可以同其他组或全班同学共享。可见，协同学习不仅仅关注学生的学习，还关注学生在学习过程中的合作。

协同学习的过程中，个体之间可以采用对话、商讨、争论等形式对问题进行充分论证，以期获得达到学习目标的最佳途径。学生学习中的协同活动有利于发展学生思维能力、增强学生沟通能力以及锻炼学生对个体之间差异的包容能力。此外，协同学习对提高学生的学业成绩、形成学生的批判性思维与创新性思维、培养学生对待学习内容与学校的乐观态度、增强小组个体之间及与其社会成员的交流沟通能力、自尊心与个体间相互尊重关系的处理等都有明显的积极作用。

由于协同学习小组是为了共同的目标，相互依赖、彼此互利的小组，因此，协同学习小组具有如下特征：

（1）组内异质、组间同质。组内异质即小组成员在学习基础、年龄、性别、学习风格等方面具有差异性；组间同质即各小组之间大体均衡，这样便可以形成相互比较。组内异质可为小组成员之间的相互合作奠定基础，而组间同质又可为各小组间的公平竞争创造条件。

（2）任务驱动、适当分工。协同的效果必须依赖小组成员的共同努力，他们必须具有很强的正依赖性。任务驱动和适当分工可以保证小组成员积极投入，共享资源。

（3）公平竞争、合理比较。协同和竞争是矛盾统一的范畴，为了完成复杂的任务就必须合作，而为追求更完美的结果就必须竞争，即在小组内以"协同"为主，但不排除竞争，尤其组间的友好竞争可促进小组内部更好地协同。

（4）角色互换、轮流领导。角色的互换可以促进学生多方面的发展，而分享领导责任可使每位学生积极参与。尽管学习中组长的作用很大，但组长和学习上存在优势的学生也可能控制学习过程，使其他人产生依赖心理，所以转换领导角色既能保证学生互助、协同，又能使其有机会充分展示自己。

（5）评价的多样性。传统教学中的评价强调客观，注重信度和效度，其目的是划分等组，分出优劣。而在协同学习中，更加注重作为主观的价值判断的评价，采用学生记录和教师评价、组内和组间互评、学生自评相结合，个人成绩和小组总分相结合的方法，使评价从单一走向多元。

要营造具有以上特点及优势的小组，我们必须从开始分组就充分考虑各种因素。这也就是我们要讨论的分组策略。

首先分组的过程应该是一种灵活的机制，可以以"个人（person）"、"对（pair）"、"小组（group）"为单位，在学习的不同时期可以根据特定的任务和学习要求选择不同的分组机制，而且从学习的长远性来看，小组成员相对稳定有利于小组成员间的相互了解，在稳定和谐的小组中实现更好的协同。

其次，分组前教师要对学生的特征进行细致分析，现在许多量表可以从认知技能、知识基础、学习方式等方面对学生进行测试，并作为分组的依据，但这些还不能决定小组的内聚力和协作绩效，因为有时一些心理上情感上的因素更重要，甚至协同学习小组中某个成员的生活习惯（例如交流中的眼神）都可能导致协作组的失败。尤其未成年学生，受影响的因素会更多。因此必须通过各种方式了解学生，比如让学生作自我介绍，对学生进行访谈，和学生开展座谈会等等。如果条件允许，教师应该以学生的角色去设身处地地体验一下，来了解学生到底需要什么。同时在学习之前，给小组成员留出彼此了解的时间也很重要，比如聊天、游戏等。当然这些需要系统化、整体性的考虑，把我们可以做和无法做的事情列出来，在条件允许的范围内尽可能做得更好。基于以上考虑，我们的小组建设过程如下。

（1）小调查

设计"我喜欢和谁一起学习"的调查单，并请学生根据自己的意愿进行填写。

三年级"我想和谁一起学习？"调查单

班级_____ 姓名_____

序号	学习小伙伴的姓名	选择的理由
1		
2		
3		
4		

（2）找出互选关系

根据调查单，我们用图示的方法在大卡纸上用不同颜色的彩笔标识出学生间的互选关系。

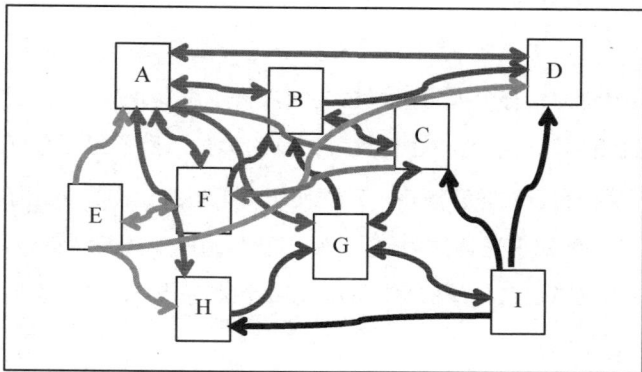

（3）根据互选关系进行分组

在尊重学生意愿的基础上，我们尽可能地将有互选意愿的学生安排在一个小组中，并根据他们的身高、学习参与度等因素对全班进行四人小组的分组。

（4）进行小组建设

在小组完全调整好之后，我们就要培养小组间的协同合作的意识和互相关联的关系。为此，我们主要以学生学习习惯培养为目的，通过小组间的互相监督和评分活动进行小组建设。

在第二阶段，我们开始具备结构化思考的能力，逐渐把第一阶段看到的方向聚焦，并逐渐收敛主题，形成亮点，使项目组内的教师团队成员首先走向"GREEN 协同教学"的共识，并让共识成为学校向前发展的指导工具。我们发现，支撑这一阶段的关键性力量来自学校骨干教师的示范、引领与带动。

第三阶段：系统实践、效能倍增

课堂教学改革不仅仅改变学生学习方式，同时也着重探索教师落实协同教学的教学策略。学校科研室组织教师们集思广益，将自己在教学中运用的教学策略进行梳理，从而形成了一个个小的教学策略案例，以供他人学习借鉴，也使得我们"GREEN

协同教学"的达成路径更加清晰。这种将教学策略的研究和自下而上的创新结合起来的方式，成为此阶段最重要的杠杆。在长期的研究与实践过程中，我们形成了如下基本教学策略。

1. 产生式教学策略

让学生自己产生教学目标，学生自己对教学内容进行组织，安排学习顺序等，鼓励学生自己从教学中建构具有个人特有风格的学习。也就是说，学生自己安排和控制学习活动，在学习过程中处于主动地处理教学信息的地位。我们最常使用的产生教学策略便是前置学习策略和自我解答策略。教师使用该策略的目的在于让学生在之前学习的基础上，发展学生的知识迁移能力，自主解决问题。产生式教学策略具备如下优点：

（1）可以积极地把信息与他们自己的认知结构联系起来，对信息的处理过程主动深入，因此学习效果较好；

（2）允许学生自主地设计、实践和改善他们的学习策略，从而可以提高学生的学习能力；

（3）产生式教学策略主要出自学生自己，因此可以激发学生对学习任务和学习过程、学习策略的积极性，培养学习兴趣等。

但教师在使用产生式教学策略时，也需要注意，如果设计不妥，可能导致学生认知超载或情绪低落，或是需要学生花费大量的时间进行准备。此外，学生学习的成功依赖于先前已具有的知识和学习策略的广度。

2. 替代式教学策略

这种教学策略在传统教学中比较常用。它更倾向于给学生提出教学目标，组织、提炼教学内容，安排教学顺序，指导学生学习：主要是替学生处理教学信息。我们最常用的替代式教学策略便是任务导向策略和关注生成策略。教师运用任务导向策略的目的在于检测学生是否掌握了所学内容及其综合运用的情况。替代式教学策略具备如下优点：

（1）比产生式教学策略效率高，它能使学生在短期内学习许多内容；

（2）知识储备有限和学习策略不佳的学生可以获得成功的学习。

同样，教师在使用替代式教学策略时，也需要注意，因为学生智力投入少，信息处理的深度不够,因此学习效果不如产生式策略好。同时,由于教学安排过于周密,学生在学习中被动学习多于主动学习,因而学生学习志趣难以调动,制约了学生的学习能力。

3. 独立学习与协同学习相结合策略

独立学习指的是学生关注自己学习的掌握程度,强调自我发展;而协同学习指的是协同小组成员为达到共同学习目标,自觉地在行动上相互配合的一种学习方式。两者互相结合,从而达到优势互补的效果。教师运用该教学策略的目的在于通过协同学习的小组讨论,对学生共同的学习需求进行分析,再通过学生的独立学习,总结属于学生的个性需求。独立学习与协同学习相结合策略具备如下优点:

(1)能激励学生发挥出自己的最高水平;

(2)能促进学生在学习上互相帮助、共同提高;

(3)学习任务由大家共同分担,问题就变得比较容易解决。

当然,独立学习与协同学习相结合策略需要投入足够的时空,才能让学生有充分的自主学习的表现。

我们发现,系统的实践,真正让"GREEN协同教学"这一改革举措效能倍增,而支撑这一倍增的关键力量是全体教师的执行力,以及他们比执行力更加富有群众性的创造力。

第四阶段:拓展辐射、彰显品质

在这一阶段,我们期待的是:如何让我们的"GREEN协同教学"从解决了学生学习动力指数丰富、拓展到学生、教师、学校发展的其他指数、其他领域? 如何让我们的"GREEN协同教学"从对我们四中心的品质提升拓展到集团内、学区内、区域内的其他学校?

事实上,"GREEN协同教学"探索至今,师生能力均得到了明显提升。在新一轮的绿色指标测试中,我校的学生学习动力指数有所改善,学生在各级各类展示与交流中展示了四中心学生良好的风范。我校的教师也在各级各类展示、比赛中获得不俗的评价。"GREEN协同教学"不仅提升了学生的学习动力指数,也提升了师生关系指数、教师教学方式指数、校长课程领导力指数……"GREEN协同教学"也已经向四中心集团内的学校推广、辐射。

通过"GREEN协同教学"的实践探索,我们发现"GREEN协同教学"在实现"协同"文化的过程中,逐渐提炼了三大核心价值观,即"踏实勤奋""谦和宽容"和"智慧博学"。我们认为，"踏实勤奋"是一种态度，是一种境界，是行事的哲学；"谦和宽容"是一种气度，是一种风格，是做人的哲学；"智慧博学"是一种追求，是一种价值，是育人的哲学。它们具体体现在：

1. GREEN 的治学态度。在课堂中，它以严谨踏实的治学态度引领教师和学生就某一问题进行深入的探讨，使身处其中的师生耳濡目染，踏踏实实工作与学习，认认真真探索与实践，起到润物细无声的效果。因此，GREEN 的治学态度让师生更加踏实勤奋。

2. GREEN 的人际关系。在课堂中，教师与教师之间、教师与学生之间、学生与学生之间均能互相包容，互相合作，互相学习，和谐共处。因此，GREEN 的人际关系能让师生更加谦和宽容。

3. GREEN 的课堂情趣。首先，GREEN 协同教学能关注本质，落实学科价值，即一方面各学科教研组通过集体研讨，明晰价值，理清认识，改善行为，努力形成具有本学科特色的课堂教学面貌；另一方面，又在尊重学科差异的基础上，从各学科特点出发，探索适合本学科的教学改革策略。其次它能尊重差异，实施多元教学策略，即目标定位基于学情，根据学生的基础和能力，分层制定教学目标、布置分层作业以及灵活多元地进行学习评价。第三，它能着眼发展，多种素质并重，即以学生的多元发展为目标，开展协同主题教学。因此，GREEN 的课堂情趣让师生更加智慧博学。

表 "GREEN 协同教学"发展的四个阶段

要素 \ 阶段	第一阶段	第二阶段	第三阶段	第四阶段
核心点	创新、尝试	聚焦、收敛	清晰、优化	丰富、拓展
重要点	愿景	学习方式	教学策略	协同发展
关注点	锚定问题	建构方案	系统实践	彰显品质
支撑点	校长领导力	骨干示范力	群体执行力	文化自觉力
本质点	想清楚	搞明白	做成功	推出去

展望:"GREEN 协同教学"的未来之旅

在探索"协同教学"的过程中,我们发现"协同"使得四中心的学校教育生活具备了厚重的哲学意蕴:它既是一种"价值观",提供了四中心人认识事物、理解教育的理念基础;它也是一种"方法论",是四中心人力行追求的育人方式、策略与路径;它还是一种"存在方式",是全体四中心人的校园生活的形态与生态。

未来,我们将在以下两方面继续探索协同教学:拓展校内外多维协同,经营促进学生全面和谐成长的"同频共振场域";探索人机协同的智慧教育,研究依托智慧数据平台开展的精准化、个性化、定制化的绿色生态教育。

上海市虹口区第四中心小学

陈珏玉

第一章　满意：共谱卓越的教育诗篇

　　教育就是一棵树摇动另一棵树，一片云推动另一片云，一颗心撼动另一颗心。用智慧启迪懵懂的思想，用真诚滋润枯竭的心田，用协同创造满意的课堂。协同教学不仅提高了学习效率，还如涓涓细流，滋养着学生，让儿童维持着饱满的学习精神，让他们乐于参加各项协同学习活动并乐在其中。

G：gratification 满意，这是我们的宗旨：追求学生满意的协同教学。基于课程改革的大背景，长期以来，我们不光在追寻令教师满意的教学，也在追寻令学生满意的教学。为此，我们提出了"令学生满意的协同教学"这一宗旨，意在通过改进现有教学方式，提高学生学习效率和学习满意度。那么，究竟什么是我们所认为的"令学生满意的协同教学"呢？我们认为，首先，"令学生满意的协同教学"是适合每一个学生的教学，而且在"协同教学"过程中要正视并尊重每位学生之间的差距和差别。虽然人各有别，每位学生都是有差异性的独立个体，但我们在强调学生共同发展的同时，非常注意并尊重学生间的个体差异，其中包括：性格、志向、兴趣、智力、能力等。在"协同教学"中做到协同教学符合每一个学生的特点的同时，保留每一个学生完整的主体性与个性，从而发展成为独一无二的个体，极大地满足学生的精神世界，实现学生身心健康的同步发展。其次，"令学生满意的协同教学"是符合学科教学规律的、有利于提升学生综合素养的教学。在"协同教学"的引领下，教师在课程开展、教学方法和教学评价上均做了大胆突破，有所创新。首先通过统整传统课程，探寻基于学生学情的协同资源点，并以此为依据开展课堂，让每个学生想学；其次通过改革教学方式，在课堂上灵活运用"前置学习"策略、"任务导向"策略和"协同学习小组"的教学方式，激发学生思维，让每个学生会学；最后通过多元评价方式，将学生学业水平测试与综合素质评价相结合，营造更为平和的教学氛围，让每个学生乐学。

每朵花都有绽放的理由，每个儿童都有追寻满意教学的权利。我们所倡导的"协同教学"，一方面，以因人制宜和重视个体差异性为原则，以学生想学、会学、乐学为目的，帮助学生发掘潜能，引领学生身心健康协调发展。另一方面，学校的课程统整力、课程开发力与课程执行力也得到有效提升。这不仅符合二期课程改革在新形势下的新要求，也能够实现办好令儿童也满意的教学的愿景。

智慧 1-1 ————————————————————————————————————

以"任务导向教学策略"提升课堂效率的实践

一年级第二学期《语文快乐宫4》是教材"读课文识字"阶段的最后一个学习内容，同时也是第四单元的末尾，此时学生也正处于期中复习阶段，这部分教材的学习能为学生创造复习巩固的语言环境。但不能否认的是，每一个语文快乐宫的学习，有些类似于完成一道道练习题，在一定程度上限制了学生的活动空间，不利于学生扩展知识视野和发展思维能力，更难以促进学生语文能力的培养和提高。基于这样的事实，在我校开展的"基于小学生协同学习的教师教学策略研究"课题引领下，我在指导学生学习《语文快乐宫4》第四个练习时进行了协同学习的尝试，力求运用"任务导向教学策略"将学生已有的学习经验整合起来。

一、运用"任务导向教学策略"的思考

很显然，协同学习小组能够使学生主动参与学习活动，在巩固旧知的过程中获得积极的情感体验和思维训练，在提高学生语文综合素养的同时，还能有效提升课堂效率。那么，如何让协同小组能够顺利有效地完成本次学习任务呢？对此，我进行了一番思索。

虽然已是第二学期，但一年级学生的学习能力毕竟很有限，如果不能给予明确的任务导向，他们很容易就会在学习过程中无所适从，白白浪费了宝贵的学习时间。为

此我采用了基于协同学习的"任务导向教学策略"，把实际的教学内容和学生的认知水平、学习经验进行整合，为学生设计了一份"任务单"，以完成一个个具体的"任务"为线索，把教学内容巧妙地隐含在每个"任务"之中，学生通过具体操作完成相应的"任务"。学生完成"任务"后也巩固了旧知，发展了思维，提高了语文能力。另外，考虑到协同学习小组中四个组员不同的学习能力和学习状况，我在每个协同学习小组中设立了一个学习组长，起到引领小组有效学习和评价小组成员的作用。

二、运用"任务导向教学策略"的案例

（一）老师请你们根据任务单和你的协同小组组员一起合作完成《语文快乐宫4》的第四个练习。

1. 出示"连、追"

2. 出示任务单

出示：听老师讲"走之底"的小故事。你能再写四个有"辶"的字吗？

连　追　＿＿＿＿＿　＿＿＿＿＿　＿＿＿＿＿　＿＿＿＿＿

任务单

1. 找：相同的部首。

2. 书空："走之底"。

3. 听："走之底"的小故事。

4. 说：说出带有"走之底"字。

5. 写：在书上写出四个带有"走之底"的字。

6. 评：学习组长根据写字评价要求进行评价。

（二）协同完成第四个练习，教师深入学生指导参与讨论。

（三）交流反馈完成第四个练习。

出示"连、追"

师：哪一个小组愿意先来交流？就请你们第3协同小组来交流。

组员A：我找到部首了，这两个字都有一个相同的部首就是——走之底。

师：正确！接着交流。

组员B：（出示部首卡片：辶）"走之底"是这样写的：点、横折折撇、捺。请大家跟着我一起书空："走之底"怎样写？

生：（边齐答边书空）"走之底"这样写：点、横折折撇、捺。

师：你能做小老师带领大家书空，真不错。再开列"小火车"写一写。

生：（一列学生书空"走之底"。）

师：同学们在做小老师指导大家完成练习时，还要关注个别学生的知识掌握情况。在接下来的交流中，这方面也要予以重视。

师：看大家写得这么认真，部首王国里的老师奖励你们听一个关于"辶"的小故事。

生：（听录音。）

师：这个关于"辶"的小故事让你知道了什么？在协同小组里讨论一下吧！

各协同小组进行讨论，教师深入学生指导参与讨论。

师：哪一个小组愿意来交流讨论结果？好，请你们第6协同小组来交流吧。

组员A：我知道了，用作部首时，因为和"之"字的写法很相近，又常和走路的意思相关，所以又叫"走之底"。

组员B：我还有补充，"辶"的字大多和走路、路程、脚的动作有关。

师：你们小组讨论得非常有效，其他组要向他们学习，在听的时候要做到边听边记，边听边思考。接下去，我们还是继续请第3协同小组来交流任务单的完成情况。

组员C：我的任务是说出带有"走之底"的字，我们组的交流结果有："道、通、过、远、进、运、送、连、边、这、还"这些字。

师：非常棒！老师建议你们在说独个字的时候最好能组成词语来说，这样方便大家听得更清楚,因为汉语中有很多是同音字,容易混淆。老师看到第 2 协同小组的组员在举手,你有什么问题?

生 A：我还知道两个带有"走之底"的字："退步"的"退"和"迎接"的"迎"。

师：这样大家就把这两个字听得更清楚了。你要说什么?

生 B：我也补充一个："一遍、两遍"的"遍"。

师：真好,你们听得很认真,补充的也很正确。看来其他协同小组的同学在小组学习时也都进行了充分的讨论。在接下来的交流中,如果你有不同意见或者补充,可以像这两位同学一样举手。请第 3 协同小组继续交流。

组员 D：我是协同小组组长,我的任务是评价我们组组员在书上写出的四个带有"走之底"的字是否正确,字迹是否端正,写字姿势是否正确。

师：对,评价必须要有评价要求,(媒体展示)这就是评价要求,必须要按照要求在组长的带领下进行评星活动。

学习组长根据写字评价要求进行评价。

师：第 3 协同学习小组的合作学习取得了很大的成果。老师还发现,其他协同学习小组的成员也都积极动脑、认真思考了这些任务,对于第 3 协同学习小组的答案作了补充,使我们的学习任务完成得更为出色。

三、基于"任务导向教学策略"的感悟

课改的总目标提出："为了每一个孩子的发展,保证学生学习主人的地位,提供学生最佳的学习方式,让每一个学生都成为主角。"自主学习、合作探究是现今课堂上主要的学习方式,如果恰当地运用"任务导向教学策略"协同学习,不仅能够整合学生以往的学习经验,使学生优势互补、促进学生个性健康发展,还能有效地提升课堂效率。

(一)选择时机,注重实效

首先,学生在学习中遇到疑难无法独自完成时,采用协同小组合作可以有效地突破难点。这个疑难问题可能是生成的,也可能是老师潜在的一个"预设"。其次,学生出现较大的意见分歧时,探究的期待更为强烈,教师可及时抓住契机运用"任务导向教

学策略"，整合学生以往的学习经验，展开进一步的合作交流，这样便有了精彩生成的可能。另外，学习任务较多时，可把任务分割，每人完成其中一部分，再交流汇合。这样既完成了学习任务，又节省了时间，更重要的是学生能从中体验到合作的重要性和意义价值，增强了以后合作的自觉性。

选择恰当的任务和时机，运用"任务导向教学策略"协同学习以利于学生之间思想的碰撞，真正达到解决问题、培养学生主动学习的目的。

（二）调控引导，传授技巧

有序高效的合作离不开教师的调控引导。教师在运用"任务导向教学策略"指导学生合作过程中，难免会遇到一些问题和困难，有知识上的，也有合作技能方面的，这些都会对学生的合作进程带来影响。教师可根据问题难度，整合学生以往的学习经验，合理调控合作时间，保证学生充分交流、充分思考，必要时给学生提供及时的帮助。同时还需教授学生一些合作技巧，教会学生如何倾听，如何发表不同意见，如何向别人提出改进建议，如何处理矛盾、争议等。此外，教师还可以通过暗示、认可、奖励等手段及时引导学生的合作，激发和维持学生的合作热情。这对培养学生良好的合作习惯是大有裨益的。

综上所述，协同学习小组的有效实施需要教师在了解学生学情的基础上，整合学生以往的学习经验，积极利用任务单引导学生学习，大胆尝试，不断完善。相信经过不断的努力，"任务导向教学策略"协同学习一定能为有效提升课堂效率做出卓越的贡献。

（李　菁）

智慧 1-2

日常语文课堂中协同教学策略的运用

随着协同理念的不断渗透和深化，我感到"协同"已不仅是指学科之间教学内容的协同，更是指在教学中运用各项协同教学策略以及在班级中引领学生成立协同小组，开展有效的学习。根据第八期三年规划中学校所提出的"GREEN 协同教学"，本着"G：gratification 满意——这是我们的宗旨"，我努力在日常语文课堂中运用合适的协同教学策略，追求令学生满意的协同教学。

一、《科林的圣诞蜡烛》协同教学背景

《科林的圣诞蜡烛》是小学语文五年级下册第三单元第 13 课，是爱尔兰作家芭芭拉·拉夫特里的小说，讲述了圣诞前夜，少年科林的父亲所在的船因为没有灯塔导航而漂荡在浓雾弥漫的大海上，迟迟未归，科林因担心父亲而没有点燃家里的圣诞蜡烛，但他千方百计，凭借着对父亲真挚的爱，用自己顽强的毅力克服万难，重新点亮了为船只导航的灯塔，这根巨大的"蜡烛"最终为科林带来了幸福。

每个单元都有重点训练目标，还含有许多阅读及写作方法的训练点。我认为，在设计学习策略时，要增强目标意识，并在课堂上借助这些策略有效展开教学。本单元是小说单元，根据教材的特点，再从字词句、段落、篇章和情感等方面入手，在设计中我主要关注了以下两点：

1. 抓住课题中的关键词,初读时概括课文内容。通过课堂学习,理解课题中"圣诞蜡烛"的含义。

2. 阅读教学中,从人物的言行中体会人物丰富的心理和情感,感受科林对父亲的爱,感受"爱"能创造"幸福"。

二、课堂中协同教学的设计思考

1. 利用前置学习策略,提高教学起点

五年级的学生已经具备一定的自学能力,老师可以通过布置前置学习任务引导学生对课文的多音字,生字中易读错、易写错的进行关注,并放入课堂阅读中交流。前置学习任务除了关注字词以外,还应当设计问题,引导学生围绕课文的中心去思考。有了这样的前置学习,我们的教学起点可以高些,不停留在简单的内容梳理上,而是在了解内容的基础上,有更充分的时间去引导学生关注作者是怎么把内容表述清楚的,即引导学生关注作者的表达。基于这样的思考,我设计了如下前置学习任务单。

《科林的圣诞蜡烛》

课前学习:

一、读读下面词语,关注易读错的字音和易写错的字形。

　　lǚ　　　　zhī　　　　xū xū　　　jiào　　 yè
步履沉重　船只　气喘吁吁　地窖　摇曳

二、读课文了解主要内容。围绕"蜡烛"这个词进行概括,说一段话。

2. 借助任务导向策略，突破教学难点

批阅五年级学生作文，常会发现他们在表达中存在这样的问题：叙述较笼统，不会采用描写的方法来表现。在叙事过程中，写具体、写生动，是对学生习作的一个要求，而事实上这对学生来说却是最困难的。所以在阅读教学过程中，应该经常地挖掘教材这方面的教学资源，设计有效的练习，对学生进行"写具体"方面的专项训练，从而为写作提供服务。

在教学中，我想先让学生关注 7—15 自然段中对话的表达形式，读懂内容，进行简要复述。然后借助任务导向策略，让学生从课文内容中进一步想象复述，将科林讨煤油时的神态、语言、动作等说具体，体会他对父亲真挚的爱。这样的教学过程，可以将复述能力的训练与引导学生关注课文的表达形式有机地结合起来，不仅对学生的写作有指导作用，还可以帮助学生感悟课文中心。

三、协同教学的实践反思

在这节课中，我坚持以读为主，采用多种协同教学策略，培养学生掌握科学的阅读方法，形成良好的阅读习惯。

（一）在读中学习概括

在这篇文章中，我从课题出发引导学生整体把握课文内容。因此在课的开始，我就以课题中的"蜡烛"作为抓手，让学生用一句话说说科林在圣诞节前夜做的事，帮助学生概括课文内容，在预习时对课文就有一个整体的把握，提高了学习的起点。科林与达菲先生的对话没有提示语，是连续对话的形式。我先让学生通过简要复述读懂内容，再关注作者为什么这样，帮助学生体会当时科林内心的焦虑。这都是对学生概括能力的培养。因此，在课堂中，学生能较好地根据老师的要求进行概括，营造了让师生满意的课堂效果。

（二）在读中学习圈画写批注

在引导学生探究科林克服各种困难努力搜集煤油时，通过任务导向策略引导学生边读边体会，把自己感受最深的地方圈画出来，写上批注，培养学生"读书动笔墨"的学习习惯。这个学习习惯的培养，也得到了家长的认可。有家长说："我的孩子不仅能在课堂上由老师带着圈画在语文书上做批注，在读课外书，进行课外学习时也能用到这个好习惯！"

（三）在读中学习复述

在圈画批注并讨论交流之后，科林的形象已经在学生头脑中渐渐丰满起来，教学中适时引导学生想象复述科林是怎样搜集煤油的，既训练学生抓住线索有条理地表达，又可以在表达中加深学生的感悟，引发更多的共鸣。在课堂中孩子能有声有色地讲述科林如何挨家挨户讨煤油，补充他的心理活动，一个爱父亲、意志坚定的少年形象跃然于课堂，课堂氛围令人满意。

在这个教学案例中，我努力以营造让师生满意的课堂和找寻满意的教学方式为突破点，通过教学实践，我发现任务导向策略能更好地帮助学生明确任务的指向性，在协同小组的学习中，清楚的任务布置能使该环节学习更具可操作性，使得接下去的学生讨论和评价也更具有针对性。在接下去的教学中，我将继续研究如何用好协同教学策略，进一步设计满意的教学过程。

（孙　滢）

智慧 1-3 ────────────────────────────────

以学习策略驱动思维　实现高效满意课堂

　　"任务导向"是将以往以传授知识为主的传统教学，转变为以解决问题、完成任务为主的教学。在学习的过程中，学生在教师的帮助下，紧紧围绕一个共同的任务，在问题动机的驱动下，通过对学习资源的积极主动应用，进行自主探索和互动协作的学习。"前置学习"是教师在进行一节课堂教学之前的一个设计环节，它根据将要学习的新知识和学生情况来确定学习的内容以及学习内容的难度，让学生在学习中对所学知识有一个自主学习的过程。之所以要让学生进行前置学习，一方面能让每个学生带着有准备的头脑进入课堂进行学习。另一方面可以让教师更加了解学生的知识基础和学习弱点，以学生的"学"来确定教的内容和教的形式，从而能更加有的放矢地开展教学。

　　因而，基于"任务导向"和"前置学习"策略的特点，在数学教学中恰当地将两者有机结合，能对数学课堂教学和学生的学习能力培养有很大的促进作用。下面结合《时间的初步认识（一）》一课，对两种策略在数学课堂教学中的运用作简单的阐述。

一、基于"任务导向"和"前置学习"策略的协同教学设计

　　《时间的初步认识（一）》是上海市九年义务教育课本小学数学第二学期第三单元的内容。教材从学生的生活经验出发，提供了学习小伙伴小胖从上学到放学的生活情境，使学生结合自己的生活实际认识钟表，学会看时间（几时和几时半），能正确说出钟

面上所指的时刻,培养学生从小珍惜时间、合理安排时间的良好习惯。

时间——对于一年级的孩子来说是最熟悉的陌生人,因为它紧紧地联系着孩子们的生活和学习,在他们的生活中已经积累了一定的认识时间的经验,但是孩子们又没有规整严谨地认识过它。因此,在教学前,教师有必要了解知识基础和学生比例,这样才能有的放矢地开展教学。

一年级学生年龄小、好动、好玩,学习中容易疲劳,对于似懂非懂的知识,注意力更加容易分散。根据低年级学生这些特点,我安排了前置学习策略下的协同学习。通过前置学习策略来了解孩子的知识基础,发现可能存在的主要问题,使教学更有方向性、针对性。

1. 前测题(前置学习策略)

(1) 连线

A. 1 时　　　　　B. 1 时半　　　　　C. 2 时　　　　　D. 2 时半

(2) 画出时针和分针:

10 时　　　　　　　　　　　6 时半

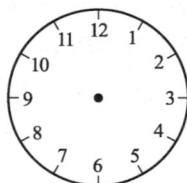

通过以上前测题的反馈,我发现:第 1 题几乎所有的学生在认读几时的钟面时都没有学习困难,但是对几时半的钟面上还是存在不少问题,其中最容易读错的就是时针,分不清到底是 1 时半还是 2 时半。同时我联想到对 6:30—12:30 的钟面的认读可能问题会更大。第 2 题还是同样的问题,在画几时半的时针的时候,时针几乎都是

对准"6"的,可见时针位置的确定是孩子们的学习重点和难点。由此我修改并确立了以下教学目标:

2. 知识与技能:

(1) 认识钟面,认识时针和分针。

(2) 掌握认读整时、半时的方法,能正确说出钟面上所指的时刻。

3. 过程与方法:

(1) 通过动手操作活动,认识钟面的构成,并掌握认读整时、半时的方法。

(2) 结合学习和生活,联系实际经历来体验、初步建立实际的时间观念。

4. 情感态度与价值观:

通过对时间的认识和学习,养成从小珍惜时间的好习惯。

5. 教学重点:

学会读几时和几时半。

6. 教学难点:

几时半的读法和画法。

通过前置学习策略的设置和辅助,我了解到了学生的知识基础和知识弱点,确定最为合适的教学目标,接着就要着手思考怎么通过课堂教学,落实教学目标,突出学习重点,解决学习难点了。

因此在教学中我运用任务导向策略开展协同小组的学习。

7. 分类:

出示:小胖的一天。

师:我们每天都有规律的作息时间,小胖一天的生活时钟面表,仔细观察八个钟面上的分针,请分成两类。说说你们是怎么分类的。

学生分类

分针指着"12"的(五个钟面):7时,8时,10时,1时,3时

分针指着"6"的(三个钟面):7时半,11时半,5时半

8. 认识几时和几时半

(1) 出示任务单(任务导向策略)

① 你认识钟面上表示的时刻吗?

② 仔细观察钟面上的分针和时针的位置,有什么特点吗?

③ 你有什么好办法教会小伙伴分清几时和几时半吗?

(2) 开展协同小组学习

(3) 汇报、归纳

9. 反馈

(1) 出示前测题正误情况,学生分析问题原因

(2) ……

在任务导向策略的驱动下,让孩子们在协同学习小组中通过观察、比较、合作、交流、归纳等活动,发现几时和几时半的时刻,在钟面上时针和分针分别在什么位置,学会根据指针的位置来判断正确的时刻,能对方法进行小结,并能灵活地加以运用。让学生在动眼、动耳、动脑、动口的过程中,主动吸收知识,建立较为规范的数学知识体系,发展解决问题的能力。

二、基于"任务导向"和"前置学习"策略的协同教学思考

1. 前置学习不等于课前预习,它在传统的预习的基础上,拓展了内容,更具科学性和趣味性。学生通过先做后学,对新知识有了初步感受和浅层理解,从而更有目的性地进行课堂的学习,提升课堂教学的有效性。但在数学学习的过程中,有很多课题需要完成多个知识点的学习,如果给学生们布置全面的前测题,不但会加大学生的负担,效果也可能适得其反。因此,教师应该有选择性的,根据本节课的教学目标和重、难点,给学生设计明确的研究点,找准新知识的生长点。

2. 任务导向策略实施成功与否的关键在于任务设计的好坏,因此在课前需要教师精心准备。设计"任务"时,自然要注意不同年龄段学生的认知特点、接受能力的差异,即使对相同年龄段的学生,也要充分考虑学生的个体差异,要将学习目标分层次,针对不同水平的学生分别提出恰当的基础目标、发展目标和开放目标,在此基础上设计具有一定容量、一定梯度的"任务",要求所有学生完成基础目标对应的小任务,学有

所思的学生接着完成下一个需要努力才能完成的发展目标对应的任务，学有所创的学生还应继续完成后面开放性的任务。

"前置学习"和"任务导向"策略加"协同学习小组"的课堂教学方式，让学生带着真实的任务在探索中学习，根据自己对当前任务的理解，运用共有的知识和自己特有的经验提出方案、解决问题，为每一位学生的思考、探索、发现和创新提供了开放的空间，实践令他们满意的学习方式，收获令他们满意的学习效果。

三、基于"任务导向"和"前置学习"策略的学习成效

在一年级孩子的生活经验里，已经有了一些钟表的知识储备，因此前置学习策略的运用，能让教师了解学生情况，从而更好地设计教学重、难点，设计教学过程，使教学更有针对性。

课后与个别学生和家长进行了简单的交流。有的孩子告诉我，他们很喜欢前测，因为有些知识爸爸妈妈已经在家里教过他们，所以他们能通过前测表现出来。对于前测中不会的题目，他们上课的时候就会更认真地听讲。还有的孩子说，协同学习小组的讨论与研究，能让他们一起进行思考、彼此交流想法，让他们每个人都有表达的机会，又能互相合作、互相帮助。

有的家长认为这样的学习过程，比单纯的教与学更有意义和富有挑战性，更有利于学生主动地进行观察、比较、推理与交流。在整个教学过程中，老师和学生分享彼此的理解，做到让学生多思考、多动手、多实践，自主探索、合作学习、师生共同活动相结合，教学形式有分有合，方法多样，学生参与度高，最大限度地拓宽了学生的思维。还有的家长觉得在认识几时和几时半的过程中，老师更重视孩子自主探究的过程，充分挖掘孩子对钟表知识已有的感性经验，让他们真正参与到探究活动中来，通过协同学习小组的合作学习总结出了如何确定几时和几时半的方法，这是孩子依据自身已有的知识和经验主动地加以建构的，真正经历知识形成的过程，知识的建构更为切实有效。

（万　琳）

智慧 1-4 ————————————————————————————

令学生满意的协同教学： 策略与方法

　　《整体与部分》是小学数学三年级第二学期第四单元的教学内容。在教学这个内容之前,学生虽然从来没有在数学课上学习过分数,但是在他们的实际生活中还是深有体会的。这一课时的教学,要求学生初步认识整体与部分之间的关系,初步体会到整体与部分是相对的。通过实物的展示让学生理解分数表示的意义,以及分数内部整体和部分之间的关系。在探究活动中培养学生举一反三的能力,激发他们热爱集体、热爱学校、热爱祖国的思想感情。

一、《整体与部分》协同教学的设计与实践

依据教学目标,我运用各种教学策略设计了这节协同课的几个环节：

（一）引入环节

T：课前小故事。（课件演示《盲人摸象》。）

Q：为什么盲人摸了大象后,还是说不对大象的样子呢?

归纳：他们都只摸到了大象身体的一部分,没有摸全大象这个整体。

揭题：我们今天就来研究整体与部分的关系。

解析：

协同语文学科中学生已经知道的成语故事《盲人摸象》,从故事中每个盲人对大象

的描述,初步理解整体与部分这两个概念的意义,为之后的教学进行基础概念上的铺垫。

（二）探究环节

1. 圆型模型

T：今天是小胖同学过生日,他邀请了小丁丁,如果你是小胖会怎样分这个蛋糕?

学生活动：先独立思考,再小组讨论。

画一画：在圆形模型上用记号笔画一画你是怎样分的。

分一分：平均分或不平均分。

想一想：这里把什么看作整体?（整个蛋糕）

小丁丁分到的这块蛋糕和整个蛋糕有什么关系?

说一说：把（　　）看作整体,（　　）是（　　）的一部分。

（运用了任务导向策略）

2. 集体交流、汇报

（1）平均分

小结：分成 2 块,每块的大小一样,我们把这种分法叫做"平均分"。

小胖分到的蛋糕和整个蛋糕有什么关系呢?

板书：（略）

（2）不平均分

Q：把哪块分给小丁丁? 为什么?

① 比较：这两种分法有什么不同?

② 看图说说这里整体与部分的关系?

小结：其实这里的每一块蛋糕都是整个蛋糕的一部分。

解析：

这个环节协同了学生们熟悉的生活情景——分蛋糕,在一定生活经验的基础上,学生很容易理解平均分与不平均分这两种不同的分法。也能从中感知整体与部分的关系,知道无论哪一种分法,这里的每一块蛋糕都是整个蛋糕的一部分。

同时在这个活动环节中,应用了独立学习与协同学习相结合的教学策略,希望学生能先独立思考,再进行组内讨论,通过协同学习小组的策略优势最后集体交流、汇报,得出结论,让更多的同学达到教学目标。

3. 线型模型(略)

(三)基本练习环节

1. 基本练习

(1)独立完成:任务单

选一选:从不同形状的图形中,挑选一个你喜欢的图形把它看作整体。

分一分:用彩笔来分一分。

说一说:你手中的整体与部分的关系。

(补充:也可自己创作一个你喜欢的图形作为整体,然后分一分、说一说。)

归纳:这个整体可以是各种不同的形状,也可以是任何不规则的形状。

实物:标出整体中的两块。

思考:这里有 2 块,可以说是整体的一部分吗?

小结:部分可以是整体中的一块,也可以是几块。

解析:

这个环节主要运用了任务导向策略,学生们通过"选一选"、"分一分"、"说一说"三个小任务,逐步完成了对整体与部分之间关系的知识巩固,进一步体会到整体与部分是相对的。同时,这一环节也与美术学科自然地进行了协同,学生们在"选一选"、"分一分"两个小任务中,不但运用了今天所学的知识,而且从中体会到数学的美感。

(2)(略)

2. 巩固练习

(1)判断:(略)

(2)演示:折粉笔。(协同学生们熟悉的生活情景。)

① 从粉笔盒装中抽出一支粉笔。　师:说说这里整体与部分的关系?

② 将一支粉笔折断。　　　　　　师:说说这里整体与部分的关系?

③ 小结:一支粉笔对于一盒粉笔来说它是部分,对于一段粉笔来说它又成了整体,因此整体与部分是相对的。

（四）综合练习环节

1. 猜字游戏

Q：说说这里整体与部分的关系？

（1）"火""品""木"（燥）

（2）"立""巾""里"（幢、童）

2. 看图猜字

（1）出示：3位班级成员（"众"）

（2）出示：班级集体照（班集体）

讨论：你作为我们这个集体的一部分，愿意为我们这个整体做些什么呢？

小结：只有我们做每一件事前都先想到我们班级这个整体，才能为我们这个整体增光添彩。

解析：

协同学生在语文课中已经认知的一些汉字，知道一个汉字的某个部分，运用今天学习的整体与部分的知识，猜出相应的汉字，并且能清楚地说出这个字中的整体与部分分别是什么。

协同道德与法制课中有关热爱集体的主题内容展开学习，思考时加入数学思维。能用今天学习的整体与部分的知识清楚地说出自己和集体之间的关系，进一步延伸到我做每一件事前都先想到我们班级这个整体，才能为我们这个整体增光添彩，为之后班主任进行热爱集体的教育奠定基础。

（五）协同作业环节

画一画，写一写。

要求：画一幅简单有趣的想象画，用今天学习的整体与部分的知识写一句话。

解析：

这一环节与美术学科进行协同，希望让学生在运用今天所学知识的同时，在快乐中体会数学的美感。

《整体与部分》是分数教学的第一课，课前设计时，想到书上只有简单的六幅图，我觉得必须补充教学内容。这样的概念教学课，如果选择的补充内容能协同学生的生活,使他们在学的过程中易理解不枯燥,那么协同教学的满意度自然就上升了。

首先,协同语文学科,引入成语故事《盲人摸象》,在数学课上听到故事,学生不但好奇,而且比之前更能从数学角度深入地理解这个故事所表达的含义,能积极主动地投入到学习中来。我同样能感受到他们学得轻松,对整体与部分这两个概念的理解很清晰,为之后进一步教学两者关系做好了铺垫。在探究环节中,我应用了独立学习与协同学习相结合的策略,既使学生增加了独立思考的学习时间,同时也有助于不同学习能力的学生解决学习问题。在实际教学中我发现,两个班学生能力水平不同,其中一个班级如果把四人协同小组改为同桌两人的协同小组进行交流,可能效果会更好些,既能满足每个学生都能表达的想法,又可以节约彼此等候的时间,还能提高协同教学的有效性。练习时,我将任务导向策略运用到基本练习中,从"选一选"到"分一分"再"说一说",大部分孩子可以按预设时间顺利完成,而三个小任务逐步增加的难度,使孩子们在完成任务的过程中感受着不断的成功。

二、《整体与部分》协同教学的实践反思

这节课中设计的教学内容,对学生而言是有一定知识基础和生活经验的。在实际教学时,我协同了他们熟悉的分蛋糕、折粉笔等生活情景,教学的效果确实达到了预期。整堂课中,孩子们始终保持积极主动的学习状态,尤其在协同语文学科猜字游戏时,他们的学习兴趣被激发到了最高。课后的协同作业同样也吸引着他们去主动完成,自觉地在协同小组内积极交流各自的想象画。让我体会最深的就是数学学科与语文、美术、道德与法制学科和实际生活间的自然协同,从孩子们的表情和课堂表现中,我看出他们也很享受这样的教学。

基本练习环节中,大部分孩子能按时顺利完成三个小任务,但有的孩子没有充分利用,我在想是不是可以把补充的任务放在小信封里,让这部分孩子完成基础练习后提前思考,即分层教学;或者在分组时,把这些能力特别强的孩子和个别学习困难的孩子放在一组,让他们来帮助协同小组内的有困难的孩子,在互助中体会协同学习共同进步的快乐。

实践中的反思：1.两个班级学生能力水平不同，其中的一个班级如果把四人协同小组改为同桌两人的协同小小组先进行初步交流再到四人协同小组，看上去会多花费几分钟交流的时间，但教学方式的调整应该会更适合这个班学生的特点，更好地发挥协同学习小组的作用。2.受学生们欢迎的猜字游戏，能不能布置成一个协同长作业在课后继续延伸，让他们深入挖掘语文课中学过的字，以口头形式来准备，在数学课甚至语文课的两分钟预备铃时间段进行交流反馈，让孩子们乐于投入到协同教学中来。

三、追求令学生满意的协同教学的策略与方法

协同教学开展至今，我从中获得了不少得失经验。通过这几年在教学中的探究和实践，我认为要追求令学生满意的协同教学需要注意以下策略和方法：

（一）选择合适的教学内容

数学的学科特点决定了并不是所有教学内容都适合展开协同教学的，而不同阶段的学生的年龄特征、认知基础、学习能力等因素，也决定了不是每个教学内容都可以用到协同教学策略。因此，只有结合教材并根据学生的实际情况来选择合适的内容教学，才有可能达到令学生满意的协同教学。

以《整体与部分》为例，这个教学内容所涉及到的很多教学情景是学生熟悉的生活情景，学生在数学学科协同生活实践的情景中学习，很容易认识、理解整体与部分的关系；而有些练习中的情景会激发他们爱国、爱校的思想感情。整堂课学生在这样的氛围中学习，理所当然就是令学生满意的协同教学了。

（二）组建协作的学习小组

教学中，协同学习小组能否顺利、有效地开展各项学习活动对一堂课来说是至关重要的，所以我觉得组建协同学习小组十分必要。在组建时，不仅要考虑组内学生的学习水平，同时尽可能使他们的个性特征、语言表达、动手能力做到互补。这节课中，就应用了独立学习与协同学习相结合的教学策略，学生们经历了独立思考、组内讨论，通过协同学习小组的策略最后全班交流得出结论。如果每个学生能在一个团结协作的小组中体验学习的过程，那么这样的学习过程就能构造令人满意的课堂环境。

（三）发挥各科的协同作用

协同课的教学过程中，知识点之间的自然协同和协同策略的适时应用都很重要。在《整体与部分》这节课中，数学学科与语文、美术、道德与法制等学科和实际生活间的自然协同让孩子们始终保持积极主动的学习状态。分蛋糕、折粉笔等协同了生活情景，此时同步应用任务导向策略，引导他们在完成不同小任务的过程中，逐步完成对重点知识的巩固。猜字游戏协同语文学科，课后想象画的作业协同了美术学科，在这些知识点展开的协同教学效果达到了预期，学生的学习兴趣被激发，令人满意的教学方式自然会提升学生对协同教学的满意度。

（叶　欣）

智慧 1-5

任务驱动在英语课堂中的实践思考

小学阶段"学习经历"可以理解为 get to know — know — how to use 的过程,即认识和掌握知识的内涵,明确意义的过程。因此,我们要遵循小学生的年龄特点和认知规律,依据他们善于模仿、乐于表现,同时注意力比较容易分散的特点,设计融合趣味性的任务驱动策略,即:有明确的目标,真实的内容,可操作的方式;既符合学生身心特点及语言水平,又能满足不同层次学生需求,同时又引导学生全体参与;以学习内容为基准,以解决问题为基调,营造"学有所乐,学有所获,学有所展"的让学生满意的英语教学课堂氛围,使之顺利完成"知道""理解"和"运用"这样一个体现消化吸收过程的"学习经历",让学生通过这种方式从根本上"喜欢学习,主动学习,学会学习"。

一、案例描述

以 3A Module 4 Unit 3 "Plants" Period 2 "Let's learn the plants"为例,这一课的主题是"plants",可以与《科学与常识》学科中有关植物知识的内容协同。在前一课时学生已经学习了水仙花、玫瑰和向日葵等花卉的英语名称、颜色、生长地点和生长季节。因此,本课时中主要以"What do they have?"和"How are they?"两个核心句型展开教学,学习这三种花卉的结构,并学习 stalk, leaves, roots 等词汇,同时结合前一课时的内容对自己喜欢的花朵进行描述。在学习策略方面,设定为在合作学习中完成任务，并利用提供的学习资源推进任务：在了解植物基本构造的基础上，寻找相关资料制作植物卡。

（一）通过"基于复习基础上的前置性任务"的热身营造良好教学氛围

在复习环节，我采用谜语的形式进行巩固和引入新授，设计了如下谜语：1. What flower grows in winter but blooms in spring? 2. What flower is colourful? 3. What flower likes the sunshine? 在此过程中，学生可以完成猜谜语的学习任务，教师也能检测学生对上一课时知识的掌握程度，同时鼓励缺乏自信心的边缘学生参与到其中，在激励性的氛围中使全体学生带着积极的情感顺利进入到新授环节。

（二）通过"基于认知基础上的初步架构性任务"的操练培养学生学习能力

通过设置听力练习，学生在倾听中完成思考，在压力的驱使下倾听玫瑰的外形及特征的内容，并在积极思考中得到答案，奠定说话的基本逻辑顺序。通过语言输入，学生得到感知；通过初步感知，尝试归纳，学生在有限的课堂教学中获得学习效益的最大化，思维更富生机和活力。

（三）通过"基于理解基础上的层次性任务"的操练提高教学目标达成度

在学生初步感知了玫瑰的外形和特征以及明确如何描述的基础上，我又进一步讲授了水仙花和向日葵等相关知识，并安排了分层递进的任务，帮助学生逐步梳理知识，明确反馈要素。在第一层次中，我给出玫瑰花的描述句型，向日葵和水仙花的图片，及适合于水仙和向日葵两种花的相应词汇，让学生利用连线的方式仿照玫瑰花的描述句型来介绍一下其中一种花；第二层次则只给学生两种花的图片和三个核心问题，通过小组合作的方式完成对某一种花的介绍。学生依托问题的引领，架构主动提炼目标语言的能力，为之后的语言运用进行了潜移默化的铺垫。在这项活动中，每个层次的孩子都能有话可说，有话要说。

（四）通过"基于运用基础上的反馈性任务"的操练促进学生积极主动参与学习

在课堂的巩固环节，我设计了让学生完成一张植物卡的任务，要求学生结合第一课时和第二课时的内容，在植物卡上具体描述某种他们喜爱的花卉。目的在于帮助学生及时巩固目标语言，并有效输出；让学生明确 How to say，What to say，How to be better；提供给学生开放性拓展的空间，充分表现的空间，自主发展的空间。这个环节使课堂迅速变成学生活跃思维、交流情感、展示自我的空间，最优化地激发了学生的学习兴趣和参与的热情。

二、我的反思

"在课堂上，通过模拟在社会、学校生活中的各类活动来制定计划、实现计划、完成任务，还可以在过程中不断评估自己的学习，真正提高了我们的语言综合运用能力。"学生们如是说。综上所述，我们设计任务时要从以下几点入手：

1. 任务设计要多从学生的角度和教材内容的特点进行考虑，琢磨如何用任务链将教学内容有机地联系起来，用合适的任务推进学生的学习，设计出能激发学生思维、促进学生思考、符合学生个性的任务活动，为最终达成目标语言夯实基础。

2. 任务设计要具有可操作性和开放性，尽量面向全体学生，保证不同层次学生都能有所得。

3. 任务设计要由易及难、循序渐进，同时包括听、说、读、写等多种方式。可以先由个人独立完成某项任务，再利用小组合作的方式来拓展和补充信息，保证学习效果的达成度。

4. 对每项任务的完成，最好能设计一些相适配的评价方式。同时，在课堂中适时适当的纠错与激励性原则兼而有之，提升学生学习积极性、有效性和参与度，最大化地保证在活动中达成语言知识和能力目标。

（李　颖）

智慧 1-6 ————————————————————————————

协同教学，让学习真正发生

《小学英语课程标准》对英语进行了这样的定位：英语是知识、文化和资讯的重要载体，是国际交往与文化科技交流的重要工具。担负着重要的桥梁作用的英语学科，必须体现工具性和人文性统一，知识性和实践性统一。近年来，笔者尝试根据教材内容设计任务，即模拟孩子们在日常生活、工作、活动中所从事的各种各样有目的的活动，把语言教学与学习者在今后的日常生活中的语言应用结合起来。通过任务导向策略，帮助学生建构完整的知识结构，提升语言运用能力，实现协同教学。

一、任务导向，让协同有效落实

以 Oxford 5A M3U1 为例，我设定了"Design your visiting plan in the zoo."这一任务。

（一）介绍任务，旧知协同

任务前，笔者首先给孩子们介绍课时话题和任务：每个小组都要为下个星期去动物园秋游设计旅游方案。协同生活经历的任务，一下子引起了学生的兴趣。如何做好相关背景知识和语言知识的准备？学生以头脑风暴的形式，用"… is my favourite animal. They are … They can … They like to … How … they are!"说说自己想去参观哪些动物，并尝试阐述理由。一连串活动，充分协同学生的旧知。在充分激活旧知的同时,笔者明确任务要求：根据上海动物园的地图和相关的信息,根据小组喜好,从动物园 1 号门进入,设计一条合理的参观路线。

(二) 执行任务,经验协同

在语言准备的基础上,笔者结合自己设计的参观路线,讲解任务要求并示范(介绍描述方位和路线的表达法,如"on … Road, Walk along … Turn right/left at. ."引导学生对具体的位置和行走路线进行表达),让学生看看位置是否描述准确,路线是否设计合理。孩子们协同生活经验,进行必要的语言准备,学习的积极性被任务所驱动。

为了完成"设计动物园参观方案"这一任务,笔者又设计若干个微型任务供学生选择：(1)What animals can we see in the zoo? What do you know about them? 孩子们回顾在科学课和生活中了解的相关动物的名称、特点和习性,顺利完成列举型和描述型的任务。(2)According to your own preferences and recommendation,what animals do your group members want to visit? And how is your visiting route? 每个小组根据上海动物园的地图、动物园管理员推荐、动物园参观指南,组内协商确定参观哪些动物,圈出想要参观的动物,阐述选择这些动物的理由,完成整理性任务;给参观场所排序,在地图上标识合理的参观路线,组内介绍参观路线,完成描述型任务。(3)老师出示相关场馆的演出信息,包括动物表演内容和表演时长,各场馆节假日的客流量统计,要求阅读信息,进一步调整小组参观方案,具体包括参观路线和停留时间。过程中教师提供包括地图、参观指南等阅读材料,协同了大量的非连续性文本资源,指导学生搜集、关注、阅读、讨论,从中获取信息,并做出选择。设计任务,由简到繁,由易到难,高级任务涵盖初级任务,数个微型任务构成"任务链"。学生也可以在一定程度上选择完成任务链的先后顺序、完成方式,从而推动学生的认知能力、语言能力和交际能力的相互促进和协调发展。而此时,教师则在教室巡视,观察各组做任务的情况,并给予有困难的小组或个人一定的帮助。

(三) 评价任务,小组协同

任务后,要向全班的同学报告任务完成的情况。于是,各小组内分工进行汇报。他们或标识地图,或汇报参观路线,或补充说明选择这些动物的理由。教师把大家设计的路线贴在黑板上,汇总并评选最佳的参观路线。任务后,笔者针对学生任务中出现的问题,归纳总结,把本课学生接触到并理解的重要的语言点加以提炼,进行有针对性的语言练习。

协同学习小组,不是单纯个人的学习行为,而是一种集体行为,还需建立分工合作的意识和规则。

采用任务导向策略的协同学习,让学生在运用语言的过程中接触语言、理解语言和学习语言,培养学生综合应用语言能力。当学生积极地参与用目的语进行交际的尝试时,语言也被掌握了。

二、协同教学,未来课堂无问西东

任务驱动的协同教学,在一定程度上实现了"课堂教学活动化,活动教学交际化,交际教学任务化,任务教学真实化",有利于提升学生综合语言能力。反思以 Oxford 5A M3U1 一课,笔者认为,话题式的协同教学有以下功能:

(一)激发了孩子们的学习动力

学生在参与多学科协同学习的过程中,将从科学学科了解到的动物习性、语文学科学习到的非连续性文本信息提取、数学学科学习到的时间计算,应用于合理设计小组喜欢的动物园参观路线,积极主动地参与学习和教学活动,真正感受到知识的价值和魅力,获得成功的体验。

(二)提高学习效率

将多个学科的零散知识整合后,教学内容之间的联系加强,知识更加丰富和充实,知识的应用性能更强,更能强化学生对应用知识的理解,有助于学生更加深入和广泛地掌握知识,从而提高学习效率。

(三)增强英语应用能力

协同教学在一定程度上还原了被学科人为割裂的真实世界和生活情境,这种立体而丰富的认知和体验,在教学中兼顾语言形式和语言意义,全面提高学生的语言综合能力,是语言教学中一种有效的途径。

当然,任务导向的协同教学在实践中还存在诸多值得思考的问题。如何在任务确定上注重现实情境下真实问题的解决？如何在内容上进一步注重学科核心概念和学科间的大概念？如何在设计上注重学生高阶思维能力的培养？在完成任务的过程中，如何真正做到师生间、学生间相互交流、相互沟通、相互启发、相互补充？如何在设计任务分工时，充分考虑学生的差异？

可以肯定的是，Students may learn more effectively when they arecross-disciplinary learning，rather than in their single subject study. 协同学习，鼓励学生参与，关注学习过程，重视学习能力培养，关注综合解决实际问题的能力。作为一种新的教学形态，协同教学让发展能力与基本标准达到最优化，其创新实施一定可以成为撬动课程改革的有力杠杆。

三、协同学习，让学习真正发生

"给我一个支点，我就能撬动课堂。"协同教学就是开启学生思维的支点。怎样的课堂真正吸引学生？怎样才能让课堂中的学习真正发生？教学如果可以构建一个跨学科的知识网络，将多学科教学内容整合起来，或找到一系列线索，用这个线索将若干学科领域的多个技能和相关概念串联起来，肯定给学生一个精彩的课堂。协同教学，尝试着用统整的视野来打破个人与学科疆界，以学生的多元智能的发展为目标，让学生享受学习的过程。

（一）协同教学还原生活

协同教学很多时候创造了一个良好的问题情境，而这样的问题情境，可以使学生的学习能在与现实情况基本一致或相类似的情境中发生。学生在良好的、具有高动机的情景中进行协同学习，打通了学生书本世界和生活世界的界限，有效帮助并加速学生对知识的理解和内化。

（二）协同教学整合课程

课堂是拆围墙、开窗户的工程。看不到实际意义的知识，会降低学生学习的兴趣，也会让知识变得抽象难以理解；同一个知识点重复出现在多学科的教学中，反复授课，也会让学生失去渴求知识的兴趣。为此，我们将两门以上的学科知识、资源、技术、概念等进行整合,使学生在不同内容和方法的相互交叉、渗透和整合中开阔视野,提高学习效率,以整合见解、建构更全面认知为目的。这样协同教学对于学习的意义也就显现出来了。

(三)协同教学发展智能

语言教学中融入音乐,可以创设情境,启发想象,融入韵律教学,英语可以唱出来;融入美术,可以化平淡的语言描述为形象生动的图形,以图激趣,以图诱说,以图导思,以图促写;融入科学,可以激发学生学习主动性,引发主动探究的精神。多学科的协同课堂,势必会给学生提供立体而丰富的认知和体验,让孩子们意犹未尽。

(叶蓓芳)

智慧 1-7

探索适切儿童成长的课程统整

令学生满意的协同教学就是要符合学生的成长需要,以学生之需带动课程发展。因为学校采用分科教学的方式,知识体系清晰,教学内容丰富,也易于落实与评价。但同时也凸显其不足。比如各学科之间不互通,知识的联结无法落实,甚至会出现同样的知识点重复渗透,横向联结缺失。另外,注重知识传授的分科教学也使得学生缺失知识与生活的联结,不利于学生创新能力和生活能力等的培养,"教育是培养完整的人的目的"常被忽略。所以让学生满意的协同教学既面向全体,又要满足个体;既注重知识,又能培养能力;既提高素质,又能减轻负担;既尊重分科,又要提倡统整。具体来说,在让学生满意的课程统整的过程中,我们需要做到:基于学生在教育中的独立价值来确立课程统整的组织逻辑;着眼于满足学生的发展需要来设计课程统整的目标;促进统整后的课程内容关联学生生活;统整后的课程实施途径需要符合学生的认知规律。

一、"纸上生花"创意环保课程的背景

科学与技术学科的孙老师是一名创客教师。他常给孩子们布置长周期作业——利用废纸材料制作建筑模型,期望孩子们在变废为宝的过程中提升环保意识。可是一次次活动后,孙老师发现:孩子们对环保活动的热情有限,一旦活动结束,他们便恢复了原状,这与他当初设想的活动效果有所出入,需要一门课程的学习来维持孩子们的

学习积极性。

　　与此同时，我也同样发现孩子们对综合实践活动充满热情，如将活动课程化将更有助于学生培养综合学力。一次跨学科教研活动中，我和孙老师决定先行组成"纸上生花"创意环保课程开发小组，共同在校园里实施课程。为了让更多的教师能参与到课程开发中，并整体提升教师的专业素养，我们在校领导的支持下发布了招募令。在短短一周的时间里，一支由 20 人参与的"创智团队"组建成功。

二、"纸上生花"创意环保课程的实践

　　我们的课程内容开发经历了一个从 1.0 版到 3.0 版的变革。

> **课程内容 1.0 版**

　　课程开发的初期，通过对已有的三类课程的梳理，我们发现，"纸上生花"创意环保课程主要与科学、探究和拓展课有关联，于是，我们形成了如下课程内容 1.0 版。

年级	基础型课程	探究型课程	拓展型课程（快乐活动日）
一年级	单元主题：走进植物 单元主题：各种各样的动物 单元主题：水和空气	活动主题：花的世界 活动一：看花去 活动二：四季开花的校园	小小园艺师
二年级	单元主题：动物的本领 单元主题：身边的植物 单元主题：人类居住的地球	活动主题：生中的塑料 活动一：塑料制品大点兵 活动二：辨别有毒塑料袋	环保 DIY
三年级	单元主题：生活中的垃圾 单元主题：花、果实与种子 单元主题：饲养蜗牛	活动主题：探访昆虫世界 活动一：昆虫保护宣传画 活动二：昆虫的美食 活动主题：植物园里乐陶陶 活动一：奇妙的植物世界 活动二：苔藓喜欢什么样的"家" 活动三：树木寻访记	植物会呼吸 纸桥承重 不"纸"如此

续表

年级	基础型课程	探究型课程	拓展型课程 （快乐活动日）
四年级	单元主题：生命的延续 单元主题：自然的启示	活动主题：关注一次性用品 活动一：是是非非话一次性用品 活动二：一次性用的再利用 活动主题：关注身边的垃圾 活动一：侦查家庭垃圾 活动二：校园垃圾箱变身记 活动主题：节电小专家 活动一：关注缺电 活动二：家庭节电小贴士	电池危害 有机农场
五年级	单元主题：能源 单元主题：自然灾害 单元主题：小瓶大世界 单元主题：生物的进化	活动主题：利用身边的风 活动一：风能巧利用 活动二：我们区适合建风力发电 场吗？ 活动主题：栽培小能手 活动一：不用土的栽培术 活动二：花坛小暖棚 活动主题：小小护绿队 活动一：绿化真的能够降温吗 活动二：考察小区的绿化情况 活动三：小区护绿宣传	水培绿豆发芽日 记 室内环保 纸上生花

> **课程内容 2.0 版**

在课程试点中，我们发现 1.0 版的基础型课程太单一，而实际教学中还需要其他学科的加入以进一步提高课程的有效实施。于是，我们一改以往自上而下的任务布置式研究，以自荐的形式招募课程开发小组成员，激发教师参与研究的动力。一周之后，一支由语文、数学、英语等各学科教师组成的课程开发团队成立了。由于每一位参与课程开发的教师的学科背景不同，因此一旦厘清了顶层设计的价值方向和重点领域后，我们便适时放手，让教师自主能动地开展探索。

A. 利用 6W 学科资源表寻找更多学科资源

我们设计了"6W"学科资源表，并请课程开发组成员从各自的学科背景出发，思考可整合的内容。

B. 形成各年级"纸上生花"创意环保课程内容 2.0 版

我们将收集到的学科资源整合入"纸上生花"的创意环保课程资源中,力争使我们的课程本身不仅具有统整性,又紧紧围绕学生的核心素养培育,让学生在活动参与中进一步培养其应具备的适应终身发展和社会发展需要的必备品格和关键能力。在这基础上,我们逐步形成了各年级"纸上生花"创意环保课程内容 2.0 版。

在 2.0 版中我们从年级、主题、主题目标、活动内容、课程来源、活动目标、评价方式、学科资源和社会资源这些方面着手,努力为学生打造立体的知识网络。

➤ **课程内容 3.0 版**

通过一年的课程实施,我们发现为了将"纸上生花"创意环保课程进一步完善,使其更具系统性与序列化,可以将原有课程内容进行前移,使得学生在每个学期的"纸上生花"活动中都有内容可学,从而通过螺旋上升的形式逐步在小学阶段形成关于"纸上生花"的完整知识框架。

以二年级"认识植物各部分"这一内容为例,我们将其从第二学期提前到第一学期教学,以使整个资源表能够兼顾两个学期的内容。之所以前移是因为从知识点来说,学生在一年级第一学期就已接触过种子的知识,对于种子如何成长成一棵完整的植物充满好奇,如果再到二年级第二学期来探究植物,对于学生来说,间隔的时间有点长,容易消耗学生的好奇心。同时将认识植物各部分的知识点前移,也是为学生后续的独立研究做好充分的知识储备。学生可以利用寒假等课外时间,自主了解更多有关植物的知识,寻找、确定自己可以独立完成的实验植物。这样一旦到了二年级第二学期的"婴儿豆豆床"学科活动时,学生的准备足够充分,他们通过活动、观察、记录、探索这一历程来进一步内化关于植物的知识网,这提高了学生的学习效率,也使得学生实验成功的可能性得到提升,从而帮助学生增加科学探究的兴趣与自信。

三、"纸上生花"创意环保课程的反思与收获

在"纸上生花"创意环保课程的设计与开发中,我们老师在讨论时就发现,其在三类课程中都有相关的内容呈现,因此,我们将这些内容进行梳理,使其系统化,从课程目标的

设计到课程内容的开发,尝试完成了一门综合主题课程的设计与开发的探索过程。

1. 课程目标:从知识走向素养

目标是课程的核心,也是灵魂,是综合主题课程开发的根本出发点和最终落脚点。综合主题课程目标也是学校办学理念、培养目标的体现,是主题课程实施之后学生在核心素养方面所要达到的程度。

在"纸上生花"创意环保课程中,我们从关注学生的身心特点为学生发展奠基,关注社会的实际需要为社会培养人才,关注主题课程的发展要求助学生提高能力这三点出发,认真研究市教委各学科课程标准及拓展型课程、探究型课程实施纲要,通过删减、融合、增补、重组,对目标进行整合,确立了"纸上生花"创意环保课程总目标:

通过"纸上生花"创意环保课程的学习,掌握主题活动学习的基本过程、技能和方法,提高对自然、社会和自我的认识,形成初步的创新精神、实践能力、科学和人文素养以及环境意识,培养社会责任感和健全人格。

2. 课程内容:从碎片走向系统

一旦确立了课程目标,我们便对"纸上生花"创意环保课程进行了如下课程设计:

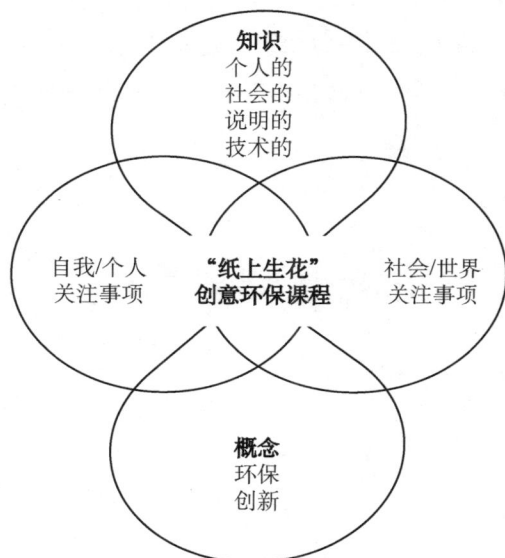

在此课程设计中,我们可以看到当学生在进行主题学习时,该课程统整了四种知识,即:

个人的知识:着重在自我关注与认知自我的方式。

社会的知识:着重在社会与世界的议题,包括从身边环境的环保到整个地球的环保项目的开展,以及这些项目开展的方式方法。

说明的知识:着重在命名、描述、说明、诠释等的内容,涉及不同知识学科与常识或普通知识等。

技术的知识:着重在调查、交流、分析与表达的方式,涵盖学校所要学习的许多技能。

最后还有环保的意义、创新能力的培养等等,都是所有进入该主题课程所要强调的经验部分。

因此,我们可以看到,在此课程统整中,我们尝试进行了不同面向的统整,即个人经验的统整、社会的统整、知识的统整。例如,我们运用个人关注的事项,作为组织主题的来源,可以增进个人经验统整的可能性;运用社会议题作为课程组织的另一种来源,可以提供一种脉络,鼓励进行社会的统整,并开放这些问题,以供环保项目的探索。运用联结个人与社会问题的主题,可以促进个人与社会的统整,并可以提升学生担负社会责任的意识;这些主题,也可以提供一种个人经验与社会联结的重要脉络,以便进行知识的统整。

（许　珺）

第二章　和谐：共创和谐融洽的氛围

　　"和谐"的氛围主要体现在我们努力构建民主的师生关系、灵动的教学关系、融洽的生生关系和协同的课内外关系。"和谐"，它强调师与生、生与生之间平等的交流、思维的共鸣，实现教师有效教学、学生高效学习，促进儿童健康成长，是在课堂中提升学生核心素养的基础环境需求，追求的是营造和谐轻松的协同教学环境。

- 智慧 2-1　构建有效和谐的语文课堂
- 智慧 2-2　和谐之于协同，协同之于教学
- 智慧 2-3　合理运用教学策略，创设有效数学课堂
- 智慧 2-4　自主地学、快乐地学
- 智慧 2-5　运用多种教学策略，创设和谐灵动课堂
- 智慧 2-6　运用多种协同策略，营造和谐统一课堂
- 智慧 2-7　利用协同学习工具，促进学习过程反思
- 智慧 2-8　在"自主、互动、趣味"中走进科学
- 智慧 2-9　和谐课堂，溢美校园

R：rapport 和谐，这是我们的氛围：营建和谐的协同课堂环境。我们认为和谐的协同课堂环境是提高课堂效率和保证教育教学质量的有效保障。好的"文本"需要"人本"来充实丰富，只有"人""文"合一了，才能让和谐课堂迸发出生命之绿。作为学校发展生命线的教育教学，我们追求的"和谐"，就是寻求教师与学生间配合得适当和匀称。轻松和谐的课堂是教师在教学过程中所追求的一种学习氛围，学生在这种平等、轻松和谐的课堂环境中讨论文本，各抒己见，表达自己的理解。对教师而言，增强学生的主体参与意识，实施主体性课堂教学，提高学生学习的积极性和主动性，建设和谐课堂才能成为可能。

"和谐"强调师与生、生与生之间平等的交流、思维的共鸣，实现学生高效学习、健康自主发展，是一种在课堂中提升学生核心素养的基础环境需求。在这里，师生的知识与技能、过程与方法、情感态度和价值观都能得到全面提升。

和谐的协同课堂主要体现在：一是民主的师生关系，师生之间围绕着学习内容，进行思维的碰撞和情感的交流。和谐的师生关系能使"教"与"学"的各个环节配合得适当、协调，达到和谐优美的妙境。其中包括尊重信任的教育理念、欣赏激励的教学态度、轻松愉悦的教学氛围和机智幽默的教学表达。二是灵动的教学关系，即教师在教学的各个环节善于激发学生的学习潜能，鼓励学生大胆创新和实践；学生则用自己的体验、用自己的思维方式，再建构相关知识。三是融洽的生生关系，即教师在引导学生主动独立学习的基础上，加强学生间的交流与合作。和谐的课堂追求每个人都有所"听"，有所"思"，有所"说"，从而加强学生间的取长补短，真正做到"自主、合作、探究"

的学习方式,求得生生间的和谐。四是协同的课内外关系,即教师要善于将学生课堂内外的学习有机地协同起来。从形式上让学生做好前置学习和任务导向学习,从内容上指导学生结合课堂教学内容积极开展综合实践活动,做到内引外联,相辅相成;从时间上教师要协同安排好课内外学习时间。

智慧 2−1

构建有效和谐的语文课堂

"和谐"一词，字典里的解释是指在事态发展中的一种相对均衡、统一、协调的状态。社会崇尚和谐，家庭提倡和谐，校园也需要和谐。作为学校发展的生命线——教育教学，我们追求的"和谐"，就是寻求教师与学生间配合得适当和匀称。对教师而言，就是增强学生的主体参与意识，实施主体性课堂教学，这样，提高学生学习的积极性和主动性，建设和谐课堂才能成为可能。

然而，"和谐"并不仅在于"形"，更在于"质"。由于教材选文普遍具有滞后性的特点，所以，教师还需结合社会发展的规律和现在学生的心理特点，寻求各种有效资源，有针对性地创造或改变，既不违背课文的主旨意境，又上出符合这个时代的新意。课堂里，我们允许学生对课文质疑，允许学生的不同"声音"，在师生、生生相互的讨论、交流中彼此"协调"，形成"默契"，达成"一致"。

二年级的语文课堂里，教师面对的是一群天真活泼、好奇心强的小朋友。教师若想让自己教得轻松，学生学得快乐、学有收获，就必须勤动脑，创造更多有趣的情境；设计符合学生特点的游戏、比赛，使课堂教学环环相扣，营造和谐融洽的氛围。

一、《掌声》教学思路

《掌声》讲的是一个叫范小君的孩子，因为走路有点瘸，不愿在人前走动，总是默默地坐在教室的一角。然而，一位新调来的老师不了解小君的情况，让大家轮流上讲台讲故事，这让小君面临困境。幸运的是，在同学们掌声的鼓励下，她走上讲台，讲了一个自己的故事，故事非常动人，她又一次赢得掌声。从此，小君发生了改变，有了自信，不再孤单。

这节课的教学主线很明确，抓住 2 次写"掌声"响起的句子，从第一次掌声响起向前展开，了解小君自卑、内向性格的原因；从第二次掌声响起向后展开，揣摩小君前后的心理变化，明白性格改变的原因，进而让学生感受"掌声"的作用，明白掌声的力量，知道人与人之间需要关心、鼓励，懂得要主动关心、鼓励别人，也要珍惜别人的关心和鼓励。

二、教学过程中的问题隐现

整个教学过程，如预期一样，顺利进行。我给学生进行场景的描述，或情境再现，或传递情思，或渲染气氛，力争让学生如临其境，沉浸在那感人的故事情节之中。

分析到第二次掌声前，为了加深学生对文本主旨的理解，与主人公产生心灵感应，我设计了一个问题："如果你就是小君，你的童年故事是怎样的？把它分享给大家吧！"原先预想的效果是：学生顺利进入角色，融入情景推测、想象，编出了一个个动人的故事。然而，收到的反馈，却是这样的——

第一个学生说："在我很小的时候，得了一场大病，后来，我去了医院，医生给我吃错了药，导致我的腿落下了残疾。""故事"讲得很轻松，同学们边听边笑，瞬间这节课的感情基调变了味。我意识到不对，马上追问："会是医生的治疗失误导致残疾的嘛？再想想。"接着，第二个学生发言，他的故事是："我和爸爸妈妈去公园玩，我不小心摔断了腿，医生给我做了手术，手术失败，结果就落下了残疾。"很显然，这也不是我期待的结果。

即使正面引导，但这两个故事，给予了我最真实的反馈：对于主人公的不幸遭遇以及情感变化，学生并没有真正"理解"。令我困惑的是，课文的内容具有感染力，为什么学生没有产生共鸣，说出动人的故事？医生救死扶伤，职业如此崇高，为什么学生纷纷将"残疾"原因归咎于他们？种种问题证明，按照原有的教学策略和设计是不够的，我必须进行更多的思考与改进。

三、课后反思与策略调整

（一）课后反思

对于这节课中的"遗憾"，从教材和学生两个方面，我重新展开思考。

从教材内容看，时代发展，观念差异，导致学生对文本的解读时易产生困惑。

这篇课文纳入教科书，已有较长一段时间。课文蕴含的思想，对于当今的时代，略微陈旧。过去，人们的思想比较保守、封闭，对于残疾人的接受程度相对较低。然而，时代飞速发展，人们的观念越来越开放，思想早已不再是过去那样。如今，放眼望去，越来越多身残志不残的人落落大方地走入了人们的视线，有的甚至被人们所接受、所喜爱、所追崇。对于现在的孩子来讲，小君的残疾或许并不是一件特别令人惊讶的事，对于小君的接受程度早已不是人们过去那样。这种观念的差异，导致在对文本解读时易产生困惑，学生可能不能理解小君自卑的原因，或者即便理解，这种理解是比较肤浅的、表层的。

从学生情况看，其生活经验及年龄特点，一定程度限制了其思考问题的方向。

对于二年级学生来说，他们从小到大被爱包围着，身心健康，生活无忧无虑。在他们的世界里没有残疾、没有歧视、更没有来自童年的挫折体验，所以，这样生活经验的缺乏，没有相同的情感体验，自然难以体会主人公的辛酸。要达到"理解"，产生共鸣，实现思想认识的升华，存在一定困难。再者，学生年龄较小，他们的情感容易激发，但也容易变化。对于问题思考比较简单，容易将责任归咎于他人，这种思维方式在一定程度上，影响到了其对文本的理解。

通过对教材和学生的再思考，我在思考如何将文本纳入到新的时代背景下，拉近文本与"现实"的距离，结合现在孩子的特点，上出富有时代特征的一课。这是上好这节课亟需解决的问题。

（二）策略调整

在原有教学思路的基础上，我重新调整策略，着力调动起学生已有的知识经验和生活经验，带学生走进残疾人的生活，在学生和小君之间搭建起一座心灵的桥梁，只有这样，才有可能真正让学生读懂小君，自然生情。

1. 协同《品德与社会》，拓宽视野，欣赏更多身有所长的残疾人

在二下的《品德与社会》中，有一节课是"我们各有所长"。这一课的教学目的是让学生知道班级同学不论成绩好坏、长相美丑，都有自己的长处。让学生能自我悦纳，也能欣赏他人，并能用恰当的方式对他人赞赏和鼓励。教学时，教师可以拓展延伸，介绍一些有特长的残疾人，通过学习他们成长过程中不为人所知的动人故事，让学生惊讶于这些残疾人的特长，惊叹于他们顽强的毅力和高贵的品质，学会用欣赏和赞扬的眼光去看待这一特殊人群。

2. 基于《品德与社会》的学习，聚焦文本，拉近学生与小君的心理距离

通过《品德与社会》课的学习，学生对于残疾人的认识不再是一个空洞的概念，而是有了更多感性的认识。继而进入到文本的学习时，小君就不会再是一个遥不可及的虚构人物，而是一个有血有肉的生命个体，甚至会让学生感到，这个人很有可能真实地生活在我们的周围。不仅如此，当学生对残疾人的生活、经历有了一定的认识之后，对于小君的认识，就不会是仅仅停留在文本上，而是可能会有更多的感悟。有了这样的感悟，在编故事时，自然不会不动人。

3. 衔接两课的协同点，升华情感，帮助学生建立新的成功模型

这是一篇感情真挚的课文。小君的故事让人感动，同学们的掌声充满尊重、关爱和鼓励。当整堂课沉浸在理解、关爱和赞赏的气氛中时，教师可以把握时机，因地制宜，更多地引导学生的情感实现从感性到理性的升华。教师可以再次呈现品社课上介绍的残疾人士，重述他们的努力与成功，告诉孩子们：人生的成功有很多种，即便身有

残疾，同样可以通过自身的努力，被人认可，获得掌声。因此，帮助学生建立一种新的成功模型，拓宽对成功的理解，将让孩子受益终身。

（张　茜）

智慧 2-2

和谐之于协同，协同之于教学

　　在"GREEN 协同教学"的目标含义中一个非常重要的关键词"Rapprt"，即"和谐"，意为学生制造和谐的氛围，营建和谐的协同课堂环境，让学生在和谐的氛围中学习，体会协同教学带来的不同感受。在刚刚过去的一学期中，我有幸在自己的教学中接触到了两节典型的协同课，也在协同活动中听了几节精彩纷呈的协同课，这使我深刻感受到了协同教学的魅力。而在这些课中，和谐的协同课堂环境是每一节协同课所共有的特点，学科与学科之间知识点自然的穿插和衔接创造了良好的氛围，学生也在和谐的课堂中有所得。

一、一堂印象深刻的协同课

　　令我印象深刻的是三年级上册语文教材中的第七课《网上呼救》与信息技术课中《奇妙的网络世界》的协同。这节协同课中我深深体会到了"和谐"一词的内涵。《网上呼救》一课叙述了美国男孩麦克通过互联网救助了芬兰学生苏珊的故事，通过互联网，仅用了半个小时苏珊就被成功解救送医。这个故事让学生们充分体会到互联网速度之快，而《奇妙的网络世界》也正是阐述了网络的巨大作用和魅力。

　　通过先上信息技术课，让学生对于互联网有一个初步的认识。同时再通过前置作业单结合生活实际，从而在上语文课时，不仅能引起学生的共鸣，还能引起学生的兴趣,让学生在有一定思考的基础上带着疑问和兴趣走进语文课文,以此来营造良好的氛围和和谐的课堂环境。和谐的课堂环境,也为后续教学,即课文主旨"互联网拉近了人与人之间的距离",做了很好的铺垫。因此,"和谐"一词在协同课堂中的作用可见一斑。

二、《网上呼救》与《奇妙的网络世界》的协同教学设计

三年级上册语文课本中第7课《网上呼救》一课叙述了美国男孩麦克通过互联网救助了芬兰学生苏珊的故事。课文以时间为顺序,通过运用对比的方式:芬兰和美国远隔千里,飞机要开9小时才能到达,而通过互联网,从接近六点到六点三十分,仅用了半个小时就成功解救了苏珊。从时间之短可以让人体会到互联网速度之快;从两人相距之遥可以让人体会到互联网拉近了人与人之间的距离。

在学习《网上呼救》之前,学生们已经学习了信息科技课中《奇妙的网络世界》一课,对于网络的作用和魅力有了一定的了解。在此基础上,课前我设置了作业单,作业单中向学生提问:"你用网络做过什么?"旨在请学生结合信息课上学过的知识以及生活实际,对网络的作用进行思考。

在学生交上来的作业反馈中,我发现大部分学生提到了信息课上学到的内容,他们感受到了网络对其学习带来的帮助,如能通过网络查阅资料、能通过网络学习知识等;也有学生提到网络的速度很快,能够使人们在分秒之间传递信息,进行沟通。从前置作业单中我发现,协同课程的作用已初步显现,学生们已经认识到了网络带给他们的便利以及网络的作用,并且部分学生意识到了网络的速度之快,能够拉近不同地区人们之间的距离,这与《网上呼救》一课的主旨非常贴近,通过教师的引导,学生定能更好地学习这篇课文,理解课文主旨。

在课堂开始之初,我便进行了协同导入。我在黑板上板书了"网"一字,进行生字教学的同时出示"网"的图片,随后我向学生提问:"你看到过什么网?"学生积极回答,回答中有"球网""蜘蛛网"等等"看得见的网",随后我便过渡道:"在现代生活中,还有一种'看不见的网',叫做——"结合多媒体的图片从而引出"互联网"一词。这时我发

现课堂的气氛变得活跃了起来,学生们明显回忆起了信息课以及前置作业单中的内容,期待着我后续的话语。于是我顺势展开了协同的教学内容,微笑着对同学们说道:"网络这个词对大家来说并不陌生,在信息技术课上,我们也学习了《奇妙的网络世界》这一课,那么网络世界到底有什么奇妙之处呢? 谁能结合信息技术课上的内容来说说?"这时课堂的气氛一下子变得更加活跃了,学生们纷纷举起了手,迫不及待地想要阐述自己的想法。这时,我看到许多平时不爱举手的学生也积极地举起了自己的手,心中不由地也为此感到高兴。此时课堂的氛围非常良好,让我充分感受到了协同课堂环境中的和谐之感。

协同导入的过程让我发现,在语文课之前,信息课给了学生们对于网络的基本认识,而三年级的学生也已经在信息课及生活中接触过网络,有着自己的学习、生活经验。在上协同课时通过"互联网"一词导入不仅能引起学生的共鸣,还能充分激发学生的兴趣,前置学习单也让学生在有一定思考的基础上带着疑问和兴趣走进语文课文,这样的协同课堂是非常和谐、有爱的,也让学生积极阐述自己的想法,从而乐在其中。

于是我便立刻引出了课文说道:"看来计算机网络的功能真的是非常的强大,我们除了可以利用互联网来学习以及进行沟通之外,甚至还有人在危急的时刻利用网络进行呼救,从而救了自己一命。那你们想不想知道这到底是怎么一回事呢?"由此《网上呼救》一课的学习顺利且自然地拉开了序幕。

而通过课文的学习,学生在对网络有一定认识的基础上进一步了解到网络的神奇魅力。短短三十分钟内,身在芬兰的苏珊和远在美国的麦克取得了联系,麦克利用网络帮苏珊进行呼救,还利用网络和苏珊进行沟通,鼓励快要因为病痛支持不住的苏珊。学生在感受到了互联网的快捷和便利之余也明白了苏珊最终得救不仅借助于网络传递信息的快捷,更重要的是那些素不相识的人们给予她的爱心、关切和鼓励,让她的生命有了希望,是网络使我们的心相近,情相连。

在明白了课文的主旨后,学生纷纷表示非常感动,课堂气氛再一次推向高潮,于是我向他们提问:"苏珊得救的原因是?"学生的回答十分完整,令我惊喜,他们告诉我正是因为网络的高速和便捷以及麦克的善良和热心让苏珊得救。这节协同课也在和谐、温馨的氛围之中闭幕。

三、《网上呼救》与《奇妙的网络世界》的协同教学反思

三年级语文课文《网上呼救》与信息技术课中《奇妙的网络世界》一课进行了有效的协同，让同学们在不同学科中感受网络的神奇魅力和科技的神奇力量。课前我布置了前置作业单，抛给了学生一个问题进行思考，即："你利用网络做过什么?"其目的是让学生联系生活，结合信息科技课上学习的内容，对网络的作用进行一个回顾。随后，在课文开始的时候，我以"网"字引出互联网，请同学们结合作业单的内容说说自己对网络的认识。学生们在因协同而对网络有所认识的情况下积极发言，充分体现了协同为教学和课堂氛围所带来的益处。

通过学习课文，学生们感受到了人间真情，同时对互联网有了进一步的认识，体会到了互联网的巨大作用和魅力以及科技给我们的生活带来的巨大便利。通过教学，我也充分感受到了协同教学对于学生学习的帮助，学生在和谐活跃的课堂环境中完成了课文的学习，通过协同的铺垫更好地理解了文章的中心主旨，使学习更加高效。

（康秋虹）

智慧 2-3

合理运用教学策略，创设有效数学课堂

学生最好的学习动机是对所学学科的兴趣。兴趣是最好的老师，也是学生学习最重要的助推器。数学学科由于其本身具有的抽象性，学生往往感觉到单调、枯燥，不如其他学科有吸引力。所以，教师要针对数学学科和小学生好奇、好问的特点，创设良好的学习环境和富有挑战性的氛围，使课堂教学充满活力。人们说：环境造就人，气氛熏陶人。对于小学数学课堂教学来说，做到环境与气氛的和谐，将起到事半功倍的作用。在《速度时间路程》一课的教学中，我通过运用前置学习策略，协同体育课进行教学，通过在体育课上进行跑步项目的实践活动，学生了解到速度、时间和路程的基本含义，充分感知三者之间的关系，为数学课的学习做好知识准备。此外，我运用任务导向教学策略开展教学，引导学生在解决问题过程中理解速度的含义，建构路程、速度与时间的关系，初步感知三者之间的变化规律；引导学生运用路程、速度、时间三者关系解决生活中简单的实际问题，获得解决问题的策略，提升解决问题的能力。

一、《速度时间路程》教学设计

在《速度时间路程》一课中，我运用任务导向策略，落实知识与技能目标，包括知道速度是复合单位，会正确读写速度单位等，同时使学生能运用所学的知识解决一些实际问题。

运用任务导向策略，教学环节：

（一）推理比较速度的快慢

学生活动任务：

推一推，你发现什么？算一算，你发现什么？

（同桌交流，学生汇报）

推一推：

路程相同比时间，牛比熊用的时间短，所以牛比熊跑得快。

时间相同比路程，象比熊跑的路程长，所以象比熊跑得快。

老师点拨：小牛比小熊速度快，小象比小熊速度快。怎样才能知道小象和小牛谁跑得快？

算一算：

小象每分钟跑的路程：$544 \div 8 = 68$

小牛每分钟跑的路程：$432 \div 6 = 72$

小熊每分钟跑的路程：$432 \div 8 = 54$

老师点拨：通过刚才的学习，我们用推一推的方法，可以得出：小牛比小熊速度快，小象比小熊速度快，但是不知道小象和小牛谁跑得快。所以，用算一算的方法，可以更精确地计算出它们每分钟跑的路程。

（二）认识速度单位，读、写及理解含义

1. 速度的定义

我们把每分（每秒、每小时）行的路程就叫做速度。

2. 速度单位及其读法和写法

学生活动任务：

（1）自学课本，解决以下问题：

① 如何表示在单位时间里行的路程，也就是如何表示速度呢？

② 怎样读写速度？

③ 想一想，速度单位除了课本上介绍的，还有吗？怎么写？

（2）分别说一说小象、小牛和小熊的速度。

（3）在体育课上，我们进行了50米跑的比赛，说说你跑完50米花费的时间？速度大约是多少？

老师点拨：

速度单位的结构，与我们以前学的单位不同，速度单位是由两部分组成，用/分隔（/也就是除号），/的左面是长度单位，右边是时间单位，合起来就是速度单位，表示单位时间内行的路程。

小象、小牛和小熊的速度分别读作：

小象：六十八米每分　68米/分；

小牛：七十二米每分　72米/分；

小熊：五十四米每分　54米/分。

二、《速度时间路程》教学设计反思

在数学学科中，有些内容是可以运用前置学习策略及任务导向策略进行教学的。前置学习任务，就是学生们的一个预习的任务，要清晰明了地让学生们知道，他们需要提前知道什么，我们即将上课的内容是什么。我们设计的前置任务要贴近我们的教学内容，并且难度不要太高，作为教师，要根据学生的实际情况、学生的学习特点和学习能力进行设计。任务导向策略就是在任务策略制定的时候，可以根据教学目标和学生的学习能力，将教学内容巧妙地融入一个或多个有趣的任务之中，以激发学生主动探索的兴趣。要在课堂内容的基础之上进行延伸和提高，而不是脱离了课堂而随意进行任务布置，也不是将难度过大地提高。

在这堂课的学习之前，设计了前置学习任务，在前置任务中，让学生通过体育课的协同教学，了解速度、时间、路程的基本含义和三者之间的关系，学生们在课前均做了充分的实践活动，为数学课的学习做好知识准备。同时，通过任务导向策略，学生运用已经建立起来的知识和经验进行新的学习，合作探究完成任务，教师则是在旁给予必要的指导点拨。学生们能够有更多的时间进行交流和沟通，使得课堂的教学更加高效、有趣、和谐，最大化地调动学生的学习积极性和创造性，让学生具有学习的主动性。

生活中处处有数学，设计一份好的任务单可以让数学协同教学的效果事半功倍，让我们的课堂和谐高效。在教学过程中不断地用"任务"来引导学生自学，让学生根据"任务"的需求来学习，改变学生传统的学习观由"学会"到"会学"，这样我们的数学课堂就变得和谐而有生机。通过这一系列任务的设定与实施，学生也知道了我们的数学学习，联系了生活中的实际，学习的数学本领也能用到生活中。从而使我们的数学课堂成为师生焕发生命活力的阵地。

（郑颖臻）

智慧 2-4

自主地学、快乐地学

　　"和谐"是我们协同教学方案中的一个重要教学策略。"和谐"包括自身和谐、生生和谐与师生和谐。其中，师生和谐是指师生之间形成一种默契的配合状态，使教师与学生能协调地在教学过程中互动、配合，相互促进、相互成长。有一个运动项目叫"双人跳绳"，成功与否取决于两个人的配合。课堂教学中的教师和学生就好比跳绳的两个人，执绳的教师传达的指令清晰易懂，跟跳的学生细心揣摩，就能发挥自己的理解，成为配合默契的一对。课堂教学的执行道理其实一样。

一、鸡兔同笼问题的教学设计与过程

　　鸡兔同笼问题是四年级（下）第五单元"整理与提高"中的一个教学内容。这是我国民间广为流传的数学趣题，大约在一千五百年前《孙子算经》中就记载了这个有趣的问题：今有雉兔同笼，上有三十五头，下有九十四足，问雉兔各几何？

　　我觉得这节课的教学可以和信息技术进行协同，数学课在先，信息课在后。在信息老师的指导下，同学们可以上网查找资料，了解有哪些古代趣题，品味文言文的言简意赅，寻找它们如今的身影。《孙子算经》中记载的三大趣题：1. 鸡兔同笼（假设法）。2. 物不知数。3. 三女归家（公倍数、公因数的应用）。还有韩信点兵、李白买酒、两鼠穿墙、白羊问题……从而使学生们领略到数学王国的神秘，感受古代劳动人民的聪明智慧,激起他们学习数学的兴趣。

鸡兔同笼问题对学生尤其是基础不好的学生来说有一定的难度,特别是用假设法解答,学生理解起来很难。教学中我运用了"任务导向教学策略",所谓"任务导向教学策略"就是在教师教授知识的过程中,把学生所要学习的新知识隐含在一个或几个任务中,以解决任务为学生导向,让学生通过对学习资源的积极有效应用,自主探索新知,亲身参与实践的教学策略。

为了便于教学,我把原题改为:"笼子里有若干只鸡和兔,从上面数有 8 个头;从下面数有 26 条脚。鸡和兔各有几只?"

教学片段一:假设全是鸡

① 师:我们先看表格中左起的第一列,8 和 0 是什么意思?(就是有 8 只鸡和 0 只兔,也就是假设笼子里全是鸡。)

② 师:我现在用画图表示出假设的方法。你们能列出算式吗?(学生尝试列算式,教师巡视加以指导。)

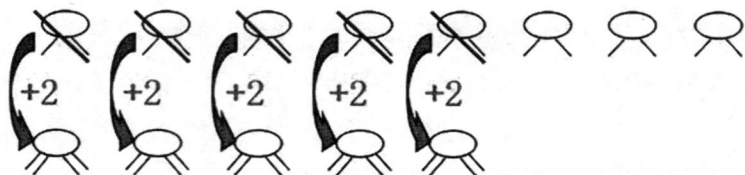

③ 学生和教师一起边说算式,教师边板书,结合课件以画图法进行演示(画图法让学生更直观的感受假设法的优越性)。

$8 \times 2 = 16$(条)(把 8 个头都当成鸡一共就有 $8 \times 2 = 16$ 条腿)

$26 - 16 = 10$(条)(腿的总数就少了 10 条)

$4 - 2 = 2$(条)(鸡和兔相差 2 条腿)

$10 \div 2 = 5$(只)兔(给每只鸡加上 2 条腿,就变成了一只兔。10 里面有几个 2 就把几只鸡换成了几只兔,所以 $10 \div 2 = 5$ 就是兔的只数。)

$8 - 5 = 3$(只)鸡(用总只数减去兔的只数就是鸡的只数。)

教学片段二：假设全是兔

1. 师：我们再回到表格中，看看右起第一列中的 0 和 8 是什么意思？（假设笼子里全是兔）。请同学们可以像老师那样画一画，算一算。

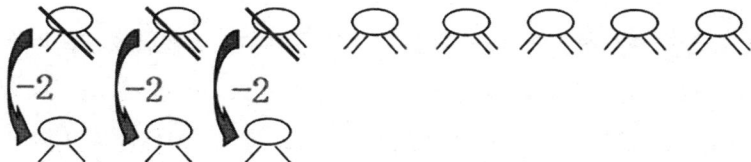

2. 学生尝试：

$8 \times 4 = 32$（条）（把 8 个头全看成兔一共就有 $8 \times 4 = 32$ 条腿）

$32 - 26 = 6$（条）（腿的总数多算了 6 条。）

$6 \div 2 = 3$（只）鸡（给每只兔去掉 2 条腿，就变成了一只鸡。6 里面有几个 2 就是把几只兔变成了鸡，所以 $6 \div 2 = 3$ 就是现在鸡的只数。）

$8 - 3 = 5$（只）兔（用总只数减去鸡的只数就是兔的只数。）

3. 小结：刚才我们假设都是鸡或都是兔，这种方法叫做假设法，它是解答鸡兔同笼问题的一种非常有用的方法。（板书：假设法）

二、鸡兔同笼问题教学设计的反思

师生间的和谐讲究的是师生双方对教学进程的熟知，并且在教学过程中能进行有效的互动，从而促进教学"和谐"地进行。我在这节课中设置了两个任务来引导学生学习，第一个任务中，我是一个策划者，把学生召集到一起探讨"鸡兔同笼"问题；组织大家各抒己见，交流其中变化的奥妙；借助画图的方法，理解并学会用假设法解"鸡兔同笼"。假设法的算理对于大部分学生来说，都是比较难以理解和掌握的。采用画图法，直观地引导学生把数形结合起来，引导他们较为完整、准确地说明算理，学会思考，学会解释，让学生亲身体验并感受假设法的优越性。我设计的问题通过画图展示，再借学生之口表达出来。例如我的第一步骤，学生理解为"把 8 只动物都看成鸡"。第一个问题:"我画了几只脚(16)?"学生们马上意识到"少了10只脚"。接着我就在每个动物的下面加了2只脚,我的问题是:"知道为什么加了2只脚?"学生们马上回答:"因为兔比鸡多2只脚,10里面有5个2,可以给5只动物加2只脚,所以兔就有5只,算式……"每个问题互相关联,层层递进,学生们兴趣盎然地摸索着前行。

第二个任务中我只是一个组织者,任务下达后由学生们自己发挥。同学们非常好地理解了我的意图,把8只动物都看成兔子,边画边列式,顺利地解决了问题。数形结合,形象生动地展示了整个思维过程,符合学生的认知特点,有效地化解了重点和难点;学生对假设法的理解不再停留在表面,学生的思维得到了提升。同时充分凸显了学生学习的主体地位,激发了学生自主学习,主动思考。整个过程中教与学变得有趣生动。不足之处在于:要更多地研究教材,如何把握教材的编排意图,充分发挥列表法解决鸡兔同笼的教学方法,使它和我的教学设计融为一体。

三、追求"和谐"的协同教学策略

(一)创设情境、调动学习积极性

重视创设实践活动情境,把数学知识与学生熟悉的生活实践紧密相连,把抽象的数学知识具体化、形象化,使学生们看得见、摸得着,并使学生在轻松愉快的气氛中通过观摩、体验、推理的过程发现问题的特点,寻找解决问题的规律,培养和提高解决问题的能力。兴趣是学生学习的最好动力,学生是学习的主人,在学习活动中,教师要为他们提供广阔的自主探究、自我发展的时间和空间。学生知识与能力的获得,过程与发展的掌握,情感、态度、价值观的转变都靠他们积极主动地获取。要让学生取得最佳的学习效果,教师有必要搭设一个能让学生充分发挥、主动参与的舞台,使他们有一个积极进取、奋发向上的学习心态。

(二)学法指导、培养问题解决能力

良好的学习习惯能起到事半功倍的效果。课堂中学会专心听讲,听教师的讲解,听同学们的交流;学会合作学习,能与教师的教学形成互动,能与同伴沟通协作;学会交流与表达,能回答教师或同学提出的问题,并能提出自己的看法与大家讨论。教学中尽量创设机会,让学生画一画、量一量、算一算、剪一剪等等,通过动手操作的过程,体验到学习的乐趣与成功。掌握了合理适宜的学习方法,才能使学生们爱学乐学,学习的兴趣越来越浓厚,从而充分调动了学生学习的积极性。

（茅　慧）

智慧 2 - 5

运用多种教学策略，创设和谐灵动课堂

和谐是教育永恒的追求，只有和谐灵动的课堂才是学生和教师共同成长与发展的沃土，在教学中，我们应努力打造和谐灵动的课堂。在新的课程理念下，有效的英语课堂教学要建立和谐的师生关系。古代教育家孔子曰："知之者不如好之者，好之者不如乐之者。"教师喜欢教这样的学生，可反过来说，我们怎么才能把孩子培养成这样？我们在摒弃过去陈旧的教学理念和方法的同时，也要积极地寻求创新的教学方法和策略以达到我们追求的教育目标，创造和谐的师生关系与和谐的课堂。以下是我结合4BM4U2教学内容来介绍我是如何运用前置学习策略、任务驱动策略和协同小组合作学习策略，让我的英语课堂更加和谐灵动。

一、围绕主题，文本再构

本单元主题为"Festivals in China"。教材将本单元划分为三课时，分别为第一课时"The Dragon Boat Festival"，第二课时"Festivals I like"和第三课时"Festivals I celebrate"。第一课时我选择了教材上的端午节，通过教材分析，我发现教材上对"The Dragon Boat Festival"介绍的内容比较少，对四年级学生来说过于简单，在设计教学内容和活动时，我为学生增加了端午节的传统活动和传统食物的介绍，围绕吃粽子、赛龙舟两个核心内容进行了文本再构，体现了语言知识的运用，符合学生的实际水平。通

过再构文本,学生能更加深入地了解端午节的传统文化。

二、设计教学,运用策略

教学过程中,我通过课堂设计和教学策略的整体推进,促进学生的知识与能力、过程与方法和情感态度与价值观三维目标的达成。通过媒体冲击学生的视觉,激活学生的思维,调动学生的情感,创设良好的课堂教学氛围,让学生始终处于积极主动的学习状态,了解端午节是中国的传统佳节,增强学生关注中国传统文化的意识。

在教学过程中,因为在品社课上学生已经了解了中国佳节的基本信息,所以我根据学生原有的知识,运用了前置学习策略,首先抛出问题"What festivals do you like?",然后让学生根据之前学过的知识回答"It is . . . . (festival). We usually eat . . . . We usually . . . on this holiday."。前置学习的运用是基于学生已有的相关知识,对新授内容进行预习,这里也正好协同了品社学科的知识。前置学习的设置,既能起到了解学生的起点的作用,又能复习巩固旧知,引导和帮助学生更快更高效地进入新课的学习状态。

通过问题"What festivals do you like?"过渡到本节课的"The Dragon Boat Festival"。先通过视频感受端午节的风俗,在课的推进中和孩子们一起品尝粽子,观看激动人心的龙舟比赛,我带领孩子们一起模拟击鼓赛龙舟场景,在教学中孩子们始终有一种身临其境的感觉,激发了学生的学习兴趣,创设了真实的语言情境、良好的学习氛围,让学生们积极主动地想要了解更多的端午节文化传统。在课堂教学中,此刻我就是学生的"大朋友",我和他们一起参与到课堂学习活动中,也努力给学生创设了一种畅所欲言的开放性的教学环境和和谐的教学氛围。

和谐,一个有利于学习的课堂气氛,是学生能够更好参与课堂、享受学习乐趣的有力保障。为了使课堂教学目标有效落实,在 Post-task 环节,我运用了任务驱动策略。任务驱动策略经常可以帮助学生全面地复习所学的语言知识,从而更好地达成教学目标。在课堂上我以任务单形式,一是表格式信息卡,二是思维导图,带动学生从语段中提炼关键信息。运用关键信息,在学生感知整个文本的基础上,在表格信息卡上通过文字和图片信息,帮助学生了解端午节人们吃什么、做什么。再通过思维导图的模式,让学生通过核心句型和核心词汇,将之前所学的内容反馈出来。在任务单设计上我关注学生思维过程从具体到抽象,再从抽象回归到具体的推进,帮助学生巩固基本语言结构和把握表述的逻辑顺序,同时培养了学生的言语交际能力。

在本课的最后,我运用了任务驱动策略。即:请学生以协同小组的形式在小组中设计一张介绍端午节的小海报,学生可以在海报上运用关键词结合所学的句型写一写(端午节的时间,吃什么,做什么等),也可以画一画、贴一贴特有食物、活动等,在小组讨论的基础上,学生能在口头上进行表达训练,我也会在作业对端午节的介绍中落实到笔头,真正体现学生从学到用的过程。

通过任务驱动的环节,协同小组中学生可以运用自己的特长,能写的学生进行描述,能画的同学进行海报美化,会收集资料的同学可以收集相关内容。每个学生都能参与其中,带着高涨的热情和积极性完成了作业。由此可见,老师在设计教学任务时,也要充分考虑到学生的积极性和兴趣,这样才能事半功倍。

在教学设计中我运用了多种教学策略,不仅使本堂课的教学更加生动,也让学生通过前置学习策略,更好更快地融入了新授课的学习中。学生们通过前置问题,介绍了自己喜欢的节日,锻炼了语言能力;我通过前置问题,也非常自然地过渡到了新课话题,整个 Pre-task 的教学氛围非常轻松,像是一个小小的节日论坛。最后的 Post-task 环节中我运用了任务驱动策略,通过读、写、画等多种方式激发学生参与兴趣,每个学生都能发挥自己的才能,也能在其他协同小组成员身上学到知识,互相分享,为学生们创设了和谐的生生关系。

(李宵婷)

智慧 2-6

运用多种协同策略，营造和谐统一课堂

　　"Green协同教学"目的是以学生问题起点作为核心的协同策略的研究。其含义包括五个部分：满意、和谐、努力、活力和规范。这五个部分都是缺一不可、环环相扣、相得益彰的。本文将围绕其中的一点——"和谐"展开论述。"和谐"意为营建和谐的协同课堂氛围。《英语课程标准》指出，课堂上，教师要创设民主、和谐的课堂氛围，让学生在这样的氛围下学习、各抒己见，并让每个学生都有所"听"、有所"思"、有所"说"。这个过程不仅在于积累英语知识，更在于在对话的学习过程中，提高理解表达能力。同时也让学生学会在讨论中学习，形成乐于与他人合作的意识，培养协作的精神，最终提高学生的整体素质。以下本人将以牛津英语 5BM4U2 Period 2 "Great fun at Halloween"为例，阐述如何运用多种协同策略以营造和谐课堂氛围。

　　我把它分成了两个课时，第一课时的话题是"Talking about different western holidays"，其主要内容是引导学生从三个不同的方面，即 month or date、special food、activities 来介绍 Easter、Thanksgiving 以及 Christmas。第二课时的话题是"Great fun at Halloween"，其内容是引导学生运用所给句型介绍 Before Halloween 和 At Halloween，从而感受万圣节给人们带来的无穷快乐。本人认为"多样""和谐统一"是好的课堂的基本特征。"多样"体现了我所运用的多种协同策略。本课中，我运用了以下教学策略：前置学习策略、任务导向策略和协同小组策略。"和谐"即要营造和谐的教学氛围，以促进学生学习的动机，最后达到学生勤学、乐学知识的统一境界。

一、前置学习策略

前置学习是基于学生已有的相关知识，对新授内容进行预习，既能了解学生起点，又能复习巩固旧知，从而能引导和帮助学生更快更高效地进入新授课的学习状态。在新授前，我通过问答的形式帮助学生复习第一课时中的三个节日，再让学生完整介绍其中的一个节日。接着问学生："Do you know more western holidays in a year?"由于已经让学生预习过这部分的内容，因此学生能够说出如 April Fool's Day、Mother's Day、Father's Day 等西方节日。最后让学生来介绍自己喜欢的西方节日。

二、任务导向策略

本堂课在整体感知后，即学会"My favourite western holiday is my birthday. It is in October. Before this holiday, people should get preparations for it. Making things is fun. At this holiday, having lots of activities is fun."才完后，我立即张贴板书. 如下：

5BM4U2 Western holidays

〈Period 2〉Great fun at Halloween

Halloween is on the 31st of October.

Before Halloween, making things is fun.

It's fun to . . . .

At Halloween, having lots of activities is fun.

It's fun to . . .

We have great fun at Halloween.

张贴板书后学生立刻会意识到这些就是在 Post-task 中要输出的核心内容。同时这也是任务导向的策略。

三、协同学习小组策略

在本堂课的 Post-task 环节中，我让学生分工合作围绕"Great fun at Halloween"进行写作。由于考虑到授课时间紧，且难度略大，因此采用了"协同学习小组"。即把学生按照四人一组的方式，分成若干个协同学习小组。这四个同学的分工如下，一个同学是写"It's fun to make jack-o'-lanterns. We . . . ."另一个写"It's fun to have 'fancy-dress' parties. We . . . ."还有一个写"It's fun to go 'trick-or-treating'. We . . . ."最后一个则由每一个组的掌握程度好一点的学生担任，其职责是统改作文。分工写完后，则由小组上台朗读作文。我想这样做不仅能激发学生的兴趣，还能大大地提高课堂的效率。

我认为，以上三个策略在本堂课中的运用，取得了非常好的效果。总结下来主要有三大优点。

首先是大部分学生对于所学的知识没有畏难情绪。并且在老师步步严密的推理下，学生能牢固地掌握所学的知识。如假设教师没有让学生完成"前置学习卷"，学生将不知自己知识的疏漏以及不知道即将学习的知识。再如教师在新授环节伊始，如果不让学生进行整体感知就直接输入新授内容，学生由于对所学的知识没有一个框架上的认识，因此很难理解。再如在 Post-task 的环节中，本堂课教师布置学生写作。由于写作的内容较多，每个学生独立完成至少 10 分钟，但是在实际授课中这个环节最多只能给学生 5 分钟完成。因此采用了协同小组后，学生在组内进行互帮互助，并且最后还有统改作文的同学。这样能够树立每个学生学习的自信心，提高学生的兴趣。

其次是大大提高课堂的效率。由于学生对于所学的知识有了前瞻性，因此大大提高课堂的节奏和效率。许多问题，如"Do you know more western holidays? Can you introduce your favourite western holiday? "等问题如果没有让学生预习过，很少有人能脱口而出，并流利回答。因此在预习此类问题后，课堂的节奏不再拖沓，课堂的效率不再低下。

最后我认为适切地运用教学策略还能提高每个孩子的学习成绩。因为课堂是每个孩子的，不是个别孩子 show 个人口语的舞台。因此不管在预习后还是在搭框架后，每个孩子都有跃跃欲试的冲动了。

综上所述，我认为在英语学科中，在 Pre-task 环节中可以用"前置学习策略"，这样可以让学生不仅更好地复习上节课的内容，同时也知晓下节课所学习的内容。在 While-task 伊始，可以使用"任务导向策略"，因为教师尽早提出任务，帮助学生搭好框架，有利于学生更好地学习新知。在 Post-task 环节中使用"协同学习小组策略"，这有助于提高课堂的效率。

（陈　珏）

智慧 2–7

利用协同学习工具，促进学习过程反思

　　"GREEN 协同教学"理念核心内容之一就是"和谐"，它强调师与生、生与生之间平等的交流、思维的共鸣，实现学生高效学习、健康自主发展，是一种在课堂中提升学生核心素养的基础环境需求，因此营造和谐的协同课堂就显得尤为重要。传统的和谐，仅限于课堂教学中老师的教态和蔼、卡通化的教学情境与教学媒体引入以及教师参与小组讨论活动等形式，而学生之间的互动以及思维碰撞较少，自主学习以及解决问题的方法并没有在课堂中得到提升，这样的一种"和谐"的课堂只是带给学生短暂的快乐和学习兴趣，久而久之，学生在之后的生活和学习中，遇到学习困难或是需要解决生活中的实际问题的时候，会感到更多的困惑。因此，我认为协同教学中的"和谐"的内涵应该是"三维"目标的和谐，课堂教学过程和教学策略的和谐，师生关系、生生关系的和谐，而这三大内涵实现的最终目的就是构建形成高效思维的课堂。作为教师首先是要创设真实有效的、适切学生特点的学习情境或是任务；其次，建立协同学习小组，鼓励和引导学习团队合作；最后通过一系列有效问题以及学习工具（学习单、信息技术），引导学生参与学习。

一、教与学过程中新问题的产生

　　在最初的信息科技与机器人课程统整的教学过程中，学生都非常喜欢活动内容，

并能积极参与讨论，随着活动的深入，他们开始逐步形成协同合作的意识，也基本能使用老师提供的学习单内容进行自主学习，并做好相应的学习过程与数据的记录。学生身上点滴进步也使我们感觉到欣喜。

但新问题又产生了，在相对开放的学习活动中，遇到问题是常有的事情，比如参数设置错误、设计方案不够细致、结构的搭建不够紧密合理等。令我们惊讶的是，作为活动直接参与者的学生，遇到问题的首要解决办法，竟然是直接询问老师，这让我成为了教室中最为忙碌的人，经过对课堂上产生的问题的分析判断，我认为完全可以由学生自己思考解决。因此我也在课后反思这一问题的产生原因与解决办法，究其原因主要有两点：（1）学生在学习中粗心大意产生的问题，比如学习过程中打错、漏选参数或功能图标模块没有连接等问题，检查后也无法看出问题所在的情况；（2）设计方案与实践之间的差异，学生不会审视检验自己的学习过程，从过程中分析找出问题原因和解决办法。特别在项目学习过程中，学生在遇到问题，并解决问题的过程中，缺少方法的运用。一项活动完成后，学生不能审视自己的学习过程，也陈述不清自己完成任务的经历或是曾经遇到的问题以及解决办法。

二、促进学习过程反思的协同学习工具的运用

当需要评价自己或他人学习过程时，没有相应的依据可以检测到活动中的学习情况，反思自己的学习行为。因此在进行协同教学过程中，我开始尝试根据活动的不同阶段，针对性的设计一些活动记录单，帮助学生记录学习过程，让学生通过它来审视自己的学习，掌握解决问题的一般方法。

阶段一：借助行动方案的检验与反思

这是一堂控制小车自由行进的活动，学生已经完成让小车动起来的编程任务，形成初步的顺序执行的算法思想。

新任务中，学生需要让小车按自己的想法灵活地运动起来，如果按以往的任务布置方式，老师会让他们直接根据想法，编写程序。然而如果还是按这种方式开展活动，由于学生活动中出现问题没有做相应记录，对于老师来说，我没法准确清楚地知道学

生设计的行动方案，不能及时有效地指导他们寻找问题出现的原因；对于学生自身来说，他们没有办法通过文本记录行动方案做出判断与检验。

因此为了更好地让学生在活动中能自我审视和检验，我发给每位同学一张 A4 记录单，让他们将讨论后的行动方案记录在纸张一侧，然后根据方案内容，设计图形化程序。并在实验中，由组长手持方案，对应每一步机器人小车的运动过程，做好完成情况的标注。

任务就在我的设想下开始了，刚开始这种方式并没有展现它应该有的效果，各组的学生还是会像往常一样，习惯性地跑过来寻求我的帮助，请我帮忙解决他们出现的问题。

当时我并没有觉得这次活动设计的失败，而是用手机拍下了学生的方案表和机器人小车的实际运行状态。将课堂中产生的问题作为我的教学资源，暂停了其他小组的活动。通过多媒体投影的方式，将此学习小组的案例进行了演示，对应方案表和小车视频内容引导学生一一比对，并用笔在方案上用勾和三角做出标注，这时学生立即发现了问题所在，我适时提出如何修改程序的问题，这组的学生很快检查了自己的程序，给出解决办法。

就如预想的那样，在之后的活动中，学生遇到问题首先问老师的现象没有了，都逐渐开始使用方案与实践情况比对的方式来审视或检验出现问题原因。我也终于脱离了苦海，可以自由巡视去解决一些学生真正无法解决的难题了。

阶段二：呈现整个学习过程的学习单

这是一堂控制旋转木马转动的活动，学生对旋转木马的运转方式已经有所了解，但印象还不深刻；对于木马的运动方式和安全须知，学生没有办法与实际的程序编写的参数设置联系起来。根据以往学习情况来分析，学生体验活动中，需要老师的教学方式做一些改变，将活动内容进行顺序分解，形成若干个活动：

（1）初步尝试编写程序，控制木马转动

（2）测试并观察木马运行状态，形成运动方式的需求

（3）根据需求设计程序流程图

（4）探究流程图对应的图形编程模块，编写图形化程序

（5）测试与反思改进

最终设计了以下的学习单，呈现出以下整体的活动过程。

"我们编写好程序了，电机应该能动起来，我们仔细看看木马的行动吧！"

"咦，这个木马的旋转的方向不对呢，怎么马倒着跑了……"

"应该要反方向转动，嗯，对，就是这样的。"

"我们木马转得快了一些，我看着看着，头都晕了……"

"看来要把速度调整一点了。"

"哈哈，这木马怎么还在转着，什么时候停下来，可以玩一天了吧。"

"应该要设置时间吧，一般游乐场是转 10 圈或是转 3 分钟就停了。"

"没法控制它的停止呢，如果能用东西控制它随时停止就好了。"

师："我刚才听到同学们之间讨论交流的内容，就是你们对于木马运行的需求。"

生："对哦，我们快点把需求写下来……"

"我编写好程序了，大家一起进行测试吧。"

"咦，我们的测试中，木马好像只运行了一次就不动了，看看前面哪一步出现问题了。"

"先看看之前的图形程序有没有编写错误呢？你再看看流程图有没有问题……"

"原来，我们当初设置时没有加上循环，怪不得呢，你真粗心大意。"

"快点改过来，再测试一下，记得学习单上也修改一下。"

"你再看看有没有错误，记得记录清楚点。"

"我们成功了，还好我们根据学习单记录，发现了问题，要不我们还一头雾水呢。"

协同教学下的和谐课堂就是为了养成学生的主动学习行为。为了能更好地在课前、课中和课后开展协同教学，设定一个恰当的学习任务，让学生在协同小组中协调互助，学会借助多种学习工具和方法进行学习；在活动中师生、生生之间进行合作与交流，做到取长补短；让学生深切体会学习方法（工具的合理使用、解决问题中的思维的方法以及合作都是一种学习方法）的重要性。

（黄　轶）

智慧 2-8

在"自主、互动、趣味"中走进科学

　　和谐的课堂是爱的课堂，和谐课堂中师生之间、生生之间平等相处，人与人之间顺畅地交流。科学与技术课程追求的就是"多元·开放·乐学"，所以科学与技术课堂就要追求学生自由、自主、健康和谐的发展。让学生与教师能平等地对话、在科学与技术课堂中充分体验实验的乐趣。在新时代的课堂中，教师放下高高在上的姿态，成为在学习中引导学生前进的引路人。运用教师熟悉的教学策略更快地让学生用有效的方法来进行学习，学生与教师成为合作者共同追求学习的乐趣。在协同小组的合作中和小组成员互相商量讨论，和谐共处。构建一个和谐的课堂不是简单的说说而已，更重要的是需要切实的落实，而落实的关键在于教师从学生出发进行教学设计。在教学设计中运用合理的教学策略让学生进入最佳的学习状态，提高学生的学习兴趣和效率。

一、课堂求"活"——运用任务导向

　　本课是《科学与技术》四年级第一单元《感官与大脑》中第一单元第二课时的《视错觉》。在学习本课前学生已经在第一课时中学习并了解了眼球的内部结构以及视觉形成的基本原理，学生在此基础上再去了解视错觉。本课时属于这一单元中视觉的延伸，让学生了解视觉的形成与大脑存在着密切的联系，在本单元中属于趣味实验与实践获知的综合性课程。

不同的教学环节需要不同的教学策略，在学习《视错觉》中主要运用的教学策略为任务导向策略。在这一教学中主要展示了本节课的两个小环节，运用任务导向策略明确目的。

1. 学生实验：小魔术"缺失的手掌"

实施：

学生首先初步接触了视错觉平面图后，开始实施"缺失的手掌"任务环节。首先布置了一个任务需要让学生完成实验"缺失的手掌"，让学生先看到魔术表演让一位学生的手掌缺失，再进行模仿实验。有了导向性明确的任务以后，学生开始仔细阅读实验规则，尝试进行实验研究。

展示：

在明确了解这是一视错觉现象后去研究为什么眼睛会看到手掌有洞产生。

评价：

给予孩子自主学习的空间，去体验并实践视错觉的趣味。

小结：

通过体验了解视错觉现象的奇妙之处，引发学生思考"为什么会形成视错觉"的核心内容。

左右眼看到的不同图像经视觉神经传输给大脑，大脑对这两幅图像进行处理。如何让四年级的学生去亲身体验并了解这一内容，教师采用了协同小组和任务导向策略，让孩子在协同小组内寻找小伙伴一起完成单双眼投掷硬币至锥形瓶中的实验，并进行单双眼投掷准确率实验。

2. 学生实验操作：单双眼投掷一元硬币

实施：

学生在五人一组中分成两个小小组进行实验并进行记录，方便学生在短时间内采集最多的数据。

展示：

分为两个时段分析数据，第一个交流是小组内进行数据整理并初步形成对单双眼投掷的准确率估算。第二个交流展示是在班级协同小组内进行数据汇报。

评价：

协同小组在实验过程中需要进行数据有效记录，每个协同小组成员都能参与在实验中，对所记录实验数据能进行简单估算和提出观点。

小结：

在实验过程中学生进行相互合作并记录实验结果，从数据汇报中发现单双眼投中率的不同，双眼投掷准确率明显高一些，单眼投掷准确率稍低。在协同合作投掷、记录实验结果，小组内讨论，班级内汇报，从各个小组数据集合分析最终的数据，学生会发现单眼看到的和双眼看到的有所不同，最终了解经过大脑处理才能看到完整的图像，了解前后距离纵深感等系统信息。

二、课后追"思"——求趣味科学

《视错觉》目标导向实验单

班级：_____组号：_____ 记录员：_____

投掷次数	实验者学号	双眼投掷	单眼投掷
1			
2			
3			
4			
5			
6			
7			
8			
9			
10			

皮亚杰认知发展阶段理论启示我们：学生必须积极主动地参与活动。认知发展的过程是一个内在结构连续不断地组织和再组织过程，在新水平上整合新、旧信息以

形成新结构。只有当所教的东西能够引起学生积极探究和进行再创造的愿望和行动时，才会有效地被学生所同化。

协同教学中如何提高该教学策略的有效性需要教师对于课程从单元出发，明确本课时所处的位置。其次在提高任务导向策略中，作为科学与技术教师更可以从实验单入手，帮助协同学习小组在合作中明确自己的实验目的和方法。这两个策略的组合运用能够更好地帮助科学与技术学科中实验类课程的开展。

（李谌懿）

智慧 2-9

和谐课堂，溢美校园

　　"和谐"一词的含义是大家所熟知的,但对和谐的感受与体验确实会在不同的场合有不同的感受。其实,和谐是万物共同发展最佳的一种自然的状态。在教学中,师生关系、活动环节设计等点滴交互过程中如能和谐表现便是美的展示,在美术教学中更是如此。在教学中运用协同教学策略能促进教学更有效:能营造自然和谐教学氛围才能更好地激发教师的教学激情,才能更好激发学生在学习中不断地创新思维;同时使得课堂教学的整个过程既充满科学的理性,又具有教学内容中师生活动所蕴含的温情,使得美术教学更具艺术性和感染力。在美术课堂中协同策略的恰当运用丰富了美术课堂教学的形式,同时合理的策略运用也更易激发学生创作的激情。教学不只是教师枯燥地教,学生闷头地学,教学的生命在于师生在相应的预设情境中的生成,是一种激情的碰撞,是师生共同成长的美好经历。这个过程中协同策略结合教学内容,在一种自然、合理的教学进程中逐步推进,处处透着科学,那么学生便能更加沉浸其中,学生的学习情绪会由被动消极转变成主动积极的一种情绪,从而让整个课堂充满了和谐的氛围。让每个教学环节透着师生的自然情感、共通的和谐,这便是运用协同的教学策略能带给学生的不同情感体验,促使学生进行不断艺术创新。因此,我理解的美术课堂上的和谐教学是这样的:"和",融合师生的共同激情与创意,结合美术教学的具体内容,让课堂更具吸引力;"谐",协调师生对教学内容独特见解,在自然而又有温情的艺术课堂中创新发展。

一、《剪出故事》案例背景

《剪出故事》是上海教育出版社小学美术教材第六册第四单元《感受民间艺术》的拓展课。本节课是基于小学美术教材,结合学校艺术节活动及学校文化进而拓展的一节美术课的教学。其核心知识技能是回顾剪纸人物成语的方法,学会运用人物、动物、景物之间巧妙连接的技能剪出学习生活中的内容。分析学生心理特点及能力水平情况,学生对剪纸学习有了一定认知,特别是对传统文化的了解有一定的基础;同时三年级学生的手指肌肉群有了一定的发展,能够进行比较精细的手工表现,因此拓展本课剪纸造型的教学内容,让学生感受传统文化与剪纸艺术的美。学生将身边的事物运用于创作,让剪纸焕发新生命,在学习表现中提高学生的审美能力和动手能力。

二、《剪出故事》教学片段分析

片段一:

(一)欣赏与导入

1. 学校活动图片欣赏。(在突破难点上,构思画面还是存在一定的问题,所以运用前置学习策略,让学生课前收集或回顾学校活动的精彩瞬间,便于学生在构思时能更有方向性。)

2. 现代内容剪纸作品欣赏

3. 了解剪纸中的造型与绘画形象的区别以及各自的特色。(主要是上海标志性建筑剪纸、人物剪纸)

4. 小结:剪纸的发展与生活息息相关,内容也在不断拓展,形式也更多样。

5. 提示课题。

片段二:

(二)讨论与演示

1. 针对学校标志性活动,启发学生构思不同的画面设计。(前置学习策略。)

2. 协同学校的核心价值与成语故事的剪纸设计方法，请学生说说自己的设想。（任务驱动策略，是带着剪纸的任务开展设计剪纸创新教学。）

踏实勤奋（同学们学习的场景等。）

智慧博学（学习前沿理念，同学们多才多艺等。）

谦和宽容（同学们之间宽容、友爱、谦让的小事等。）

3. 针对这些设想，你又能用哪些不同的创作方法表现？

4. 师生共同演示：

① 选择主题，构思画面，突出故事主题。

② 表现画面形象大体轮廓，形象简洁，形象间巧妙连接。

③ 添加装饰纹样，表现结构、花纹等，丰富装饰效果。

④ 粘贴固定。

片段三：

5. 评价要求：

（1）基础层面：综合剪纸技能，表现四中心的学习故事，人物造型生动，纹样装饰效果好。

（2）拓展层面：能突出故事主题，故事画面构思巧妙，各形象之间衔接自然。

（三）教学策略分析

1. 片段一、二中运用前置学习策略助解重、难点

本课重点运用剪纸表现自己的学习生活。所以课堂的内容落实从学校活动图片欣赏到现代内容剪纸作品欣赏再到了解剪纸中的造型与绘画形象的区别以及各自的特色。在本课的教学中从校园常见的场景中获得创作题材，引出教学内容让学生自主感受，通过交流认识欣赏剪纸多样性；注重学生自己的设计操作和探究，通过教师的示范，让学生知道剪纸的设计、组合，合理运用背景连接，在操作过程中感受剪纸艺术魅力。

在突破难点上，构思画面还是存在一定的问题，所以运用前置学习策略。让学生课前收集或回顾学校活动的精彩瞬间，便于学生在构思时能更有方向性。在引导交流的过程中，让学生结合已有的校园生活经验展开相应的一些资料准备；从分校剪影雕

塑到学校核心价值内容的融合，学生的创作都围绕着他们自己熟悉的内容。同时教师加强演示引导，在构图中提供较多的建议来解决难点。

2. 片段二、三任务驱动策略激发创作与评价

任务驱动策略，是带着剪纸的任务开展创新设计剪纸教学。带着任务的学是携带激情去学习阴刻剪纸：剪纸运用哪些剪纸元素进行装饰，如何连接主体形象等。明确创作要求则是任务的具体化，围绕要求展开评价还可以通过学习过程中学生在学习的各个环节的表现及作品创作中的表现两方面来实现。

根据教学设计中运用前置学习策略解决重、难点环节中，学生能够积极地交流自己运用剪纸表现的学习生活。如有的同学回忆了赤峰校区的学习经历，将那边的校园场景进行了描述；有的对体育节游戏活动记忆犹新；有的还结合了身边日常的小事。同学们的交流很积极，纷纷为课前任务收集活动学习的场景图，有的同学还有自己构想的图画。作为教师的我也收集了许多校园活动图，所以这堂课的内容落实从学校活动图片交流到欣赏评价等各个环节，学生都非常投入，都能有所共鸣。学生都能结合已有校园生活经验展开，从分校剪影雕塑到学校核心价值内容的融合，学生的创作都能围绕着我们自己熟悉的内容，可以看到学生对校园生活的热爱。但是教师有演示引导，学生很容易临摹老师的，有的没有进行再完善，在构图中教师应该提供较多范例进行引导。

任务驱动策略激发了学生的积极性，评价环节在教学中的落实情况还是比较好的，有了任务的驱动，学生在学习探究的过程中非常投入。首先，交流环节主要是对剪纸的知识点的巩固，如能比较不同风格的剪纸，观察交流剪纸的基本知识，记得剪纸的基本类型，对剪纸有感触等。其次，作品创作中的构图与剪纸设计，从题材的选择是否有学校特色，设计稿是否符合剪纸的特点等方面进行评价。评价的标准主要是造型设计新颖，能综合运用月牙形等基本形表现装饰，并能注意装饰花纹的排列组合，能互助；合理设计造型，能综合运用基本形表现、排列组合，会合作；造型，能综合运用一些基本形表现剪纸；能安全运用工具材料。在不同评价指标中学生能一一落实对应。

艺术教学多样，但在一个和谐温馨的教学氛围中，学生的各个环节的表现都能更

加投入,并且更加感性。本课的教学既是对传统剪纸的继承,更是蕴含四中心学习活动文化的综合创作。学生更有创作的意愿,和谐课堂,让美溢满校园。

（黄朝英）

第三章 努力： 追求卓越的持续态度

　　教师能时时关注学生协同学习问题、积极寻找解决问题的途径,努力提高协同质效。教师与教师之间坚持不懈地沟通和协调,尽最大可能为学生打开知识的大门,让学生在知识的海洋中遨游;学生能专注学习,主动寻找协同学习伙伴,共同尝试并能用合适的学习方式完成任务。努力,是师生们共同追求真理,积极进取的心态;是敢为人先、锲而不舍的执着态度,绿色协同教学的开展离不开师生的共同努力。

E：effort 努力，这是我们的态度：拥有积极的协同学习心态。一个人在人生的不同阶段扮演着不同的角色，也相应地有不同的责任和担当。作为学生，在这一阶段的使命就是认真学习新知识，牢固地掌握所习得的知识，将知识应用于实践，为他们以后的人生道路奠定基础。为了这个使命，他们必须要学会忍耐、学会放弃、学会付出，培养积极进取的学习心态与责任感。而在"协同教学"中，教师同样要面临各种教学中的挑战，我们要让孩子去体会努力学习而有所获得的成就感，帮助学生培养"一分耕耘一分收获"的价值观。在"协同教学"中，我们从以下三点践行努力：

"一找"，即找规律。教师要努力在教学中寻找教师教的规律和学生学的规律，以期使教师和学生教学相长，将学习的课堂还给学生，让课堂焕发活力；将学习时间还给学生，让学生真正成为学习的主体；将班级还给学生，让班级充满生长的气息；遵循教育中的规律让师生都能在课堂中各尽其能，教师教得舒心，学生学得开心。

"二看"，即看拓展和看收获。于教师而言，"协同教学"是对各个学科知识的整合与统筹，需要教师们站在更高的角度把握对学科知识之间的内部联系，需要教师不断提高自身的专业知识来适应，需要教师之间一次又一次地不断磨合，要有锲而不舍的毅力和耐心；于学生而言，他们需要在教师的引导下，发挥自身的能动性，采用自主、合作、探究的方式学习。"协同教学"跨学科统整的教学内容是培养学生综合素养的有效拓展途径，"协同教学"是立足于学生发展的理念，对学生的评价更多的是注重学习探索过程，而不是将分数作为单一的评价指标。

"三定"，即定目标、定方式和定时间。于教师而言，每节课的课前，要根据学生的学情和课程标准,确定该协同课的教学目标,并依据学生的学习水平和身心发展规律,选择合适的教学方式,并依据协同课的内容整合教学时间。于学生而言,每节课前他们要明确自己的学习目标,找准兴趣点,了解自己的学习方式,在过程中不断调整和优化,并合理安排学习时间。

智慧 3-1

发挥教材的最大价值

追求积极向上的心态就是让教师转变原有的不合时宜的教学观和课程观。传统的教学是以教材为核心，以知识为体系构建而成的。虽然我们常说教育是用"过去的知识教现在的学生做明天的事"，但如果传授的知识过于陈旧，就会严重影响教学价值。新的课程观是以发展学生的能力为目标，以主动性和实践性为特征，把教材的内容看作是培养学生能力的载体。显然，在这种观念下对已有知识的获取不是最重要的，重要的是如何获得知识及在此过程中发掘学生各方面的潜能。这就要求教师由教材知识的传授者，转变为课程资源的开发者和研究者。教师可以根据本学科课程标准的要求，把教材当作课程资源的一部分，充分地发挥教材的最大价值，而我校正在积极研究和开展的"协同教学"，正是这种教学观的一种体现。

一、努力学习理论知识，为教学策略的运用奠定基础

教学策略就是在确定教学目标后，有针对性地选择和组合相关的教学内容、教学形式、教学方法，形成有效的教学方案。教学策略主要是解决教师"如何教"和学生"如何学"的问题，在教学实施过程中，教师要根据教学情境和学生的需要不断调试、优化教学策略，它是教学设计的研究重点。因此，努力探索教学策略，并利用恰当的策略来提高课堂教学的有效性，成了我的研究目标。

运用教学策略之前,我努力学习了许多相关方面的理论知识。作为教师,面对的是活生生的个体,而且每个学生都有其独特的性格特点及各自的认知状况,因而教师在面对不同的学习对象时,怎样选择合适的教学策略,让学生学习效果更佳,使知识和能力同时得到发展,是我一直探索与思考的问题。面对不同学生与不同学习内容时,选择什么合适的策略?这些策略是否符合学生的年龄特征及认知特点?这些策略如何通过有效的方式让学生掌握?这些策略的使用程序是什么?使用后,选用的策略是否能使学生的学习体验得到有效的改变?……许多问题反复在我脑海中出现。经过多次实践我认识到,教师在教学策略的选择与运用上,要从教学活动的整体过程着眼和入手,要兼顾教学目标、教学内容、学生已有的知识结构和现有的教学资源,灵活机动地采取策略,保证教学的有效有序进行。下面我就自己实践的案例说说如何合理利用教学策略提高课堂教学的有效性。

二、反复进行课堂实践,选择运用合适的教学策略

《小宠物》是小学三年级第二学期的作文指导课,要求学生按一定顺序,从几方面,抓住特征,把小宠物的外形写清楚。在教学中,我利用学生在科学与技术课和探究课中学到的有关小动物的知识,结合"前置学习策略"和"任务导向策略"进行教学,以求语文课堂更高效。

【案例呈现】

(一)根据"前置学习策略",在课前布置了预习作业:

1. 同学们,你们养过小宠物吗?看来,你们养过的宠物还真不少。

2. 用"我喜欢……,因为……。"的句式说说喜欢的理由。

3. 仔细观察一个你喜欢的小动物,不要遗漏任何细节哦。喜欢同一种小动物的同学可以交流一下你观察到的内容。

4. 回忆你与小动物之间发生过的事。

(二)根据"任务导向策略",在"学习例文,指导观察"板块中,做了以下设计:

1. 瞧,这是?(出示:小白兔)

2. 有一位小作者经过仔细观察之后,详细描写小白兔的外形。(出示例文)

自己读读这段话,找找作者描写了小白兔外形的哪些方面? 圈出来。(交流)

3. 它们都有什么特点呢? 读读句子,交流一下。(师随机指导并板书。)

4. 你们发现了吗? 作者介绍小白兔时按照怎样的顺序描写的? 先写什么? 再写什么? 最后写什么?

(整理并板书:整体到局部,头部——四肢——尾巴)

读读这段话,有什么不同? (从局部到整体的观察顺序也可以表达清楚。)

5. 师小结:作者按一定的顺序描写了小白兔的外形。不仅如此,作者还抓住了小白兔的特点用上比喻等修辞手法,使文章更具体、更生动。

6. 观察小鸭子的外形,可以按怎样的顺序来描写小鸭子呢? 同桌讨论一下。

7. (学生交流。)

8. 按一定顺序来介绍小鸭子。(老师指导、点评。)

评价要求:★按一定顺序介绍 ★说清外形特点 ★表达连贯

(三)根据"前置学习策略",在"再读课文,体会情感"板块中,做了以下设计:

1. 描写了小动物的外形后,我们还可以写一写与小动物之间的故事。

还记得《我喜欢小动物》一课吗,(示课文片段)读读这个片段,说说这一段讲了什么?

(我把过山鲫从水缸里捞出来,放在地上,看它们跃动。)

2. 这是作者在逗弄过山鲫过程中的一件趣事,给作者带来生活乐趣。

3. (牡丹鹦鹉和小狗的录像)

师述:牡丹鹦鹉被称为爱情鸟,瞧,它们在吃食时也不忘秀恩爱。小狗经过训练后可听话呢!

4. 师:牡丹鹦鹉吃食的样子很有趣,逗弄小狗给我带来了乐趣。你在与小动物相处的过程中有什么故事吗? 和大家分享一下。

【实践思考】

小动物是学生熟悉的,科学与技术课和探究课也经常教学与小动物有关的内容。学生即使没有亲自饲养过,但通过各种渠道对小动物或多或少有些了解,这是学生们感兴趣的话题。但对三年级学生而言，接触写作时间不长，而且大多以写记事性的文章为主，写状物类的作文是有一定难度的，且教材内容仅有题目与写作提示，所以，这节作文指导课对教师提出了较高的要求。

"任务导向"源自"任务驱动"，是在教学中通过"任务"来诱发、维持学习者的成就动机。教师通过观察学生任务的完成情况，及时调整教学活动，让学生在自主参与教学活动中解决问题，获得知识，提高技能。

"前置性学习"又称为前置性小研究或前置性作业。它指的是教师在向学生讲授新课内容之前，让学生先根据自己的知识水平和生活经验所进行的尝试性学习。前置性学习不等于课前预习，它在传统的预习的基础上，对课文内容进行拓展，更具探究性和趣味性。学生通过先做后学，对新知识有了初步感知和理解，从而更有目的倾向性地进行课堂的学习，进而提升课堂教学的有效性。

要将小宠物写成一篇作文，我认为方法的指导很重要。因此，在教学中，我运用"前置学习策略"和"任务导向策略"，帮助我解决教学重、难点，以期收到较好的教学反馈。

三、及时反思策略运用，提高课堂教学有效性

（一）改进导课方式，激发学习兴趣。

巧妙的新课导入，是学生产生兴趣的诱饵，要在课一开始，就让学生在认知、情感和意志上高度专注，使学生对课本内容产生兴趣。教师必须精心设计新课的导入，注意导入的诱发性、启发性和趣味性。

学生喜欢可爱的小动物，引入新课时从学生感兴趣的小动物入手，可以激发学生的兴趣，让学生的思维处于活跃状态。同时根据"前置学习策略"，利用句式"我喜欢……，因为……。"说说喜欢的理由，帮助学生理解题目中的"宠"字，为后面的教学起到良好的铺垫作用。

（二）适时利用教学策略，提高教学效率

通过研读教材，我认为"任务导向策略"能够很好地帮助学生解决学习中的难点：学会从不同的方面来介绍小动物，并能抓住小动物的特点进行介绍。根据"任务导向

策略",在学习例文时,我组织学生进行了两次交流:一次是在出示例文后,让学生读读例文,找出作者描写了小白兔外形的哪些方面,它们都有什么特点呢,再进行交流。第二次是在学习例文后,让学生观察小鸭子的外形,说说可以按怎样的顺序来描写,这一设计,意在充分展现教师的指导过程。例文的讲解,不同于平时的语文课的阅读分析,否则就会限制学生的思路,反而束缚了学生的思考。我尽可能地通过对例文的讲解,归纳总结写作的基本方法,通过例文的示范,发掘更多的写作技巧,帮助学生提高写作水平。在介绍小鸭子的外形的过程中,给予学生适当的提示,鼓励学生抓住动物的特点进行介绍。对于基础好的学生,鼓励他们大胆想象,可运用比喻、拟人的方法,使语言表达更生动活泼。学例文,观察小鸭子外形,根据"评价要求"练习表达,三个环节层层递进,一步步指导学生进行仔细地观察和有感情地写作。

学写状物类的作文,对学生而言是较难掌握的一个技能。"前置学习策略"的运用有效地解决了这一难题。在和学生一起回顾了《我喜欢小动物》原文中的相关段落后,学生感受到这是作者在逗弄过山鲫过程中的一件趣事,给作者带来生活乐趣。随即,我播放平时生活中拍摄的自己家小宠物的生活片段,引起学生的兴趣和共鸣,引导他们回忆自己与小宠物之间的故事,营造温馨和谐的课堂氛围。因此,学生在表达交流时能够融入自己的情感,能绘声绘色地讲给同学们听。

多年的协同教学与研究,让我深深认识到,教师是学习活动的组织者,教师应努力转变观念,更新知识,不断地提高自身的综合素养;应创造性地理解和使用教材,积极开发课程资源;应灵活运用多种教学策略,引导学生在实践中学会学习,使语文课堂教学更高效。

（吕　莉）

◉ 智慧 3-2 ———————————————————————

让协同渗透于平日学习中

努力，即一种积极向上的协同学习心态。协同教学有助于课堂内容融会贯通，让课堂气氛充满活力，强化学生思维，形成他们的知识网络结构，使学科相互促进，达到"双向丰收"的效果；也有助于提高学生学习效率，培养学习兴趣，增强学生情感体验，拓宽他们的视野，给课堂注入活力和生命力，从而使学生得到较好的学习过程体验。那么作为教师的我们必须要有积极向上的协同学习心态，才能使"协同"理念充分地渗透于课堂中，让学生学得更好。

一、实践案例

《童年的朋友》是沪教版三年级第一学期第一单元的最后一课，讲述的是"我"曾经想拿小熊练拳，后来改变了主意。本文的视角用儿童的语言，真实地流露出一个孩子特有的心声。本课与美术课协同，学生先在美术课上学习画小熊，语文课上则是以学生们绘画的小熊作为导入方式对文章内容进行讲解。

三年级的学生对于文章的结构以及段落意识还不够强。大部分的人还停留在"句"的阶段，因此在教学过程中，我要让他们从"句"过渡到"段"，为将来的教学做铺垫。于是，我制定了这样一条教学目标——"积累写小熊外形的语段，学习按一定顺序写外形的方法。初步了解'先概括后具体'的段式结构。"

由于班中有些学生的学习习惯不是很好，比如上课走神，课堂上学习的积极性不是很高。因此，在达成上述教学目标的时候，我努力运用协同学习小组讨论的方式，使每位同学都积极参与到课堂中来，致力于提高课堂有效性，同时也让他们拥有努力向上的协同学习心态。

教学过程：

（一）联系上下文理解"形影不离"。

"那时，我和小熊形影不离。"（板书：形影不离。出示"形"和"影"的解释。）连起来说说"形影不离"的意思。

（二）文中哪些句子具体写了"我"和小熊形影不离？读读第三节，用"——"划出。

1. 交流、核对：作者选取了两个时间段写"我"和小熊形影不离的情景，分别是——（吃饭时）——（睡觉时）（板书）

2. （引读，创设情境引导想象。）

3. 想象一下，除了吃饭时、睡觉时，还有哪些时候（板书：……时）我和小熊也是形影不离的？"我"还会怎么做？怎么说？

（学生交流，教师评价。）

（三）以"我和小熊是形影不离的好朋友"为开头，借助板书，和组员说说"我"和小熊"形影不离"的表现。

二、思考反思

这部分的学习，我让学生先找到一个词语来形容当初"我"和小熊之间的感情——"形影不离"，并用直线划出当时的表现，用"什么时候，我和小熊怎么样"的句型来说一说。我又引导他们想象一下，除了"吃饭时"和"睡觉时"，还有什么时候，我和小熊也是形影不离的。这个想象说话是为后面说一段话作铺垫。

我班学生，听课质量不是很好，课堂的积极性也不够高。为了改善这种情况，我特意设计了这个四人小组的说话训练：以"我和小熊是形影不离的好朋友。"为开头，结合板书，按一定的顺序，将这段话说具体。从本学年起，中高年段也需要实行评价伴随课堂。于是，在让学生进行组内说话练习时，我还出示了评价方案：1. 内容是否完整；2. 语句是否通顺连贯。

　　因此我要求每位同学说完后，所有的组员都要对其进行评价。在大家交流的时候我到处巡视，并深入到某些组的讨论中，仔细观察大家的表现。在讨论结束后，我先是针对刚才的讨论进行评价："某一组讨论很激烈，某同学在发言的时候，大家都听得很认真，并且给它打了相应的五角星。如果他说错了，或是说不下去的时候，别的同学都会根据实际情况去帮助他。"这样的环节设计从实际看来还是很成功的，我把原本只有老师才能给予学生评价的权利下放给了学生，让他们进行互评，这样他们会更加投入其中。另一方面，发言的人也要根据评价标准来进行评价，这样才能获得更多五角星。如果发现有错误地方，他们便会自行修正，这属于自我评。这样一个环节的教学活动，使学生的参与度达到百分之百，我不仅让学生关注了课文中作者的表达方式，还借助文本语境提高自身的表达能力，强化了"段"的意识。协同学习小组在有效的评价机制下可以诊断学情、改进教学与激励学生发言，从而达到提高教学的目的。

（陈思佳）

◉ **智慧 3-3** ——————————————————————

努力的学习态度让课堂更精彩

　　"GREEN协同教学"一路走来也是积极努力的结果。作为学校现今的一个品牌，它固有一路走过的历程：从初期的发展，不断的完善，中期的调整，一路的坚持，直至形成其特色。作为一个教学品牌，它持有规范的教研流程，充满活力的教学活动，拥有和谐的课堂环境，秉承努力向上的合作态度，环环相扣，每一个环节无不指向一个共同的目标——努力追求令师生满意的协同教学。同时，学生的学习态度不仅直接影响学习成效，而且关系到学生个性的形成与发展，学校的"GREEN协同教学"目标之一就是让教师和学生拥有积极努力的协同学习态度。让学生课前做好新课内容的预习，建立起新旧知识的衔接点，让学生带着问题进课堂显得尤为重要，在教学中我常常运用前置学习策略进行教学，让学生经历课前努力尝试自学，课中积极合作小组学习的过程，体验学习的快乐。

一、"长方体与正方体的表面积"协同教学设计背景

　　长方体和正方体的表面积教学，是五年级数学教学的一个重点，也是教学难点，它是在学生认识和掌握了长方体和正方体的基本特征之后进行教学的。由于此内容是培养学生空间概念，特别对于女生来说，学习这部分内容有些困难。教学的难点在于学生往往因不能根据给出的长方体的长、宽、高的条件，在头脑中形成每个面

的长和宽各是多少的抽象概念，而不能正确求出每个面的大小。而我的教学从"正方体的六个面都是正方形"这一特征入手，这样更有利于学生对表面积的理解，从正方体教学再转到长方体教学，便于学生理解与掌握。在实际教学中，表面积的计算要根据实际情况而定，根据实际需要有时可能只需要计算五个面，或者是四个面的面积。

二、"长方体与正方体的表面积"协同教学设计思路

为此，我改变以往教师授课为主的传统教学方法，我尝试运用前置学习策略教学"长方体与正方体的表面积"这一内容。课前提出前置学习的要求，完成任务单，将长方体与正方体的展开图做成立体图，进一步强化各个平面与立体图之间的关系。课上我使用任务单，让学生通过正方体的表面积学习引发到长方体表面积的思考和探究，通过小组合作学习，在反馈中落实有目的地选择长方体的长、宽、高的条件，来确定每个面的求法这一重点和难点，打破原来求表面积学生死套公式的传统做法，由学生自主探究对长方体表面积的公式推导、总结和运用，教师适时引导，同时为下节课继续研究生活中缺少部分面的物体的表面积做好充分的准备。正是通过课前前置学习任务单的完成，学生在动手制作学具的过程中对表面积有了更为直观的认识，也通过课前预习、课中讨论，学生尝到学习的甜头，长期如此坚持，学生收获的不仅仅是知识，更是拥有了努力、向上的优秀学习态度。

三、"长方体与正方体的表面积"协同教学设计与实践

1. 课前前置学习
2. 教学内容
（1）什么是表面积？
（2）什么是正方体的表面积？（正方体的表面积就是求正方体六个面的面积之和。）

（3）如何求正方体的表面积？（学生尝试后完成学习任务单上相应的任务。）

（4）启发引导：根据正方体表面积的定义，说说什么是长方体的表面积。并尝试完成学习任务单上求长方体表面积的练习。

A. 学习任务单

"长方体与正方体的表面积"学习任务单

班级_____ 姓名_____

学习目标	1. 知道什么是"表面积"，知道什么是正方体、长方体的表面积。 2. 会求一个正方体的表面积。 3. 尝试求一个长方体的表面积，并试着找出求长方体表面积的方法。
学习内容	1. 什么是正方体的表面积？ 答：
	2. 求右图中正方体的表面积。（单位：cm） 4　4 4
	3. 什么是长方体的表面积？ 答：
	4. 试求右图中长方体的表面积。（单位：cm） 1　2　　1　2 3　　　3

B. 通过剪一剪、黏一黏，完成长方体与正方体的学具制作。

3. 课中小组学习

（1）汇报交流，师生反馈前置学习的情况。

（2）出示课题——"长方体与正方体的表面积"。

4. 汇报学习情况

（1）正方体表面积的求法。

（2）长方体表面积的求法。

（3）学生汇报自己的做法，师生共同点评。

（4）小组讨论，探究长方体表面积的计算公式。

5. 探讨公式

分类：

$$前、后\quad 长×高（ah）$$

$$六个面的面积之和\quad 左、右\quad 高×宽（ab）$$

$$上、下\quad 长×宽（bh）$$

［教师板书］

$$S＝2ab＋2ah＋2bh\quad 或\quad S＝2（ab＋ah＋bh）$$

6. 巩固练习

用今天学习的方法计算桌上长方体模型的表面积，并说说每一步求的分别是模型的哪一个面？

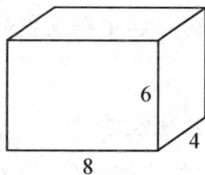

7. 小组交流

学生根据各自计算的结果进行交流，再次强化长方体表面积的求法。

（学生可能由于观测的角度不同，对"前、后、左、右、上、下"这六面的求法会有所不同，老师适当进行点拨）。

8. 教师小结

9. 课后拓展

今天我们学习了如何求长方体和正方体的表面积，知道了在一般情况下长方体、正方体的表面积都是六个面，但有时可能是只有五个面，或者是四个面。同学们仔细观察一下身边哪些长方体或正方体的物体不是六个面的，下节课我们再来研究。

四、品尝努力态度带来的喜悦

（一）课前让学生努力带着思考进课堂

由于教师课前运用了前置学习策略，学生完成了任务单和学具的制作，我课上直接从学生已有的长方体和正方体的特征引入，让学生拿出准备的长方体纸盒，按照一定的位置在六个面上分别标上前、后、左、右、上、下面；同桌之间互相指一指长方体的长、宽、高，对长方体表面积的公式进行推导，在每一个细小问题的思考、讨论、交流中都给学生充足的时间，学生自主地对每个环节知识的掌握都落实到位，并为后面的知识做好循序渐进的铺垫，由于课前设计了探究问题：①你能根据表面积的概念说一下什么叫做正方体的表面积吗？②如何计算正方体的表面积？并进行全班讨论：正方体表面积计算方法和长方体表面积计算方法有什么区别与联系。通过这种研究性的探讨以及两个立体图的对比，较好地完成了教学任务。学生从本质上理解了表面积的概念，并学会了如何根据实际情况求长方体某几个面的面积之和，使学生真正融入到课堂的教学中，能够自主学习和探究。学生在这种环环相扣的学习过程中，顺其自然地掌握方法、解决问题、获得发展。

（二）课中关注学习过程培养学习态度

在数学教学中要确立学生学习的主体地位，培养努力向上的协同学习态度，鼓励他们发现问题，积极思考。教学中教师要关注学生学习研究的过程，一方面可以让学生通过活动，根据所学的知识发现问题，让学生自己提出问题；另一方面教师对本次教学的重、难点及学生已有的知识水平充分地了解，便于在课上更合理地分配教学时间，在突破重、难点上下功夫，达到事半功倍的效果。在整个学习过程中，让每一个学生都参与这种研究学习的过程，通过本身的实践活动经验去寻求答案，利用本身的现有知识探究新知识。在课中，老师没有照本宣科地教学表面积的面积计算，或让学生一味地跟着老师的步伐，而是让学生通过自主探索，自己发现长方体表面积的计算方法。

学生在计算长方体和正方体表面积时得出三种计算方法：一个面一个面的面积依次相加；二个面二个面的一对对相加；先求出不同的三个面的面积再乘以 2。通过对正方体表面积比较归纳，学生总结出了文字公式，并简化成字母公式，便于记忆和书写。在掌握长方体和正方体表面积的计算中，体现"立体——平面——立体"螺旋上升、循序渐进的教学思想，并通过平面图形和立体图形的相互转化，培养和发展学生初步的空间想象能力。

　　数学是培养学生学会思考的一门学科，作为数学教师的我要努力挖掘教材的内容，主动采取尊重的、民主的、热情的尤其是赏识的教育态度对待每一位学生，培养学生积极的学习态度，让学生学得更主动。相信长期坚持，不仅可以提高课堂质效，培养学生努力、向上的学习习惯，更能让师生共同享受努力学习所带来的乐趣。

（潘　洁）

⊙ **智慧 3-4** ————————————————————————————————

积极努力，探索英语学科多元教学策略

　　教学策略的广义既包括教师教的策略又包括学生学的策略，而狭义则专指教师教的策略，属于教学设计的有机组成部分，即在特定教学情境中为完成教学目标和适应学生认知需要而制定的教学程序计划和采取的教学实施措施。那么对于英语这样一门语言学科，又可以使用哪些有效的教学策略来帮助学生更好地学习呢？在之前的教学中我们也会在某一个环节使用一种教学策略以达到教学目的。经过这几年的摸索和实践，我们也有了一些心得体会。这其中有很多的第一次，也会有一些不尽如人意，但是也正是在一次次的努力探索中我们才会有一些新的收获。努力，就是我们的态度，正是这份积极向上的协同学习心态让我们更好地团结合作，携手共进。

　　本学期学校开展了教学策略的学科研究，根据学校的要求，我在英语学科中尝试探索把不同的教学策略，如前置学习、任务驱动等运用到教学之中。以下我以2BM4U2 "Mother's Day" 一课为例做一个说明。

一、案例

（一）单元内容简介

本单元的主题是母亲节，分为两个课时。

课时	主题	教材内容
Period 1	Gifts for Mum	P42 和 P45
Period 2	Happy Mother's Day	P43 和 P44

第一课时

语言目标：

1. 在语境中学习单词：letter，carnation，balloon，smile，hug，kiss

2. 能听懂"What can I do for Mum?"并在语境中学习句型"I can . . . for . . ."。

过程与方法：

通过课前的前置学习，课中的协同合作等教学策略，结合大量的图片、视频、歌曲等让学生从不同的维度了解母亲节，并相应学习相关的单词、句型。在阅读 Mary 和 Jack 为母亲节准备礼物时同时思考自己能为母亲节做些什么。

情感态度目标：

通过以上教学过程最终能够体会母亲在平日对自己的付出，激发学生对母亲的感激之情。

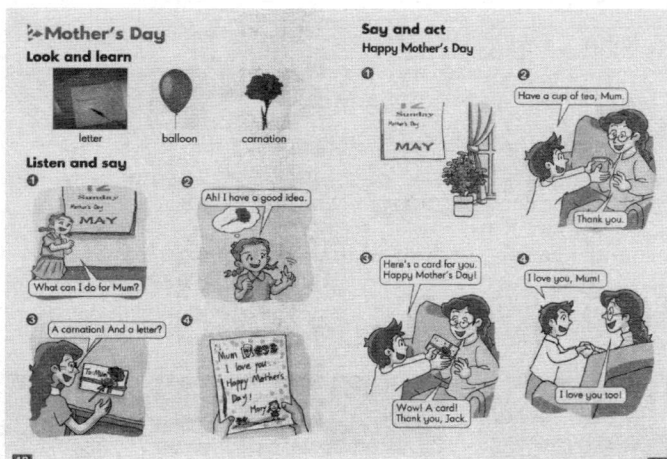

（二）本单元教学策略介绍

a. 前置学习，以下为学生的任务单

2BM4U2 Mother's Day

班级_____ 姓名_____ 学号_____

前置学习：

I. Choose

1. When is Mother's Day?

A. Every year the second Sunday in May.

B. Every year the second Sunday in July.

C. Every year the second Saturday in May.

2. Which country has the earliest Mother's Day?

A. British   B. America   C. China

3. What's the flower for Mother's Day?

A. rose   B. daisy   C. carnation

II. Ask and answer

1. What can you do for your mother on Mother's Day?

2. What Chinese Poems do you know about mothers? （协同语文）

评价：（One point for one correct answer）

I. Choose	☆☆☆
II. Ask and answer	☆☆

说明：

前置性学习，是以学生为本的教育理念的一个重要表现形式。它指的是教师向学生讲授新课内容之前，让学生先根据自己的知识水平和生活经验所进行的尝试性学习。要注意的是前置性学习的内容是多元的，它的重点是学生学习习惯的培养和自主学习的一个过程，在这个过程中是学生自我建构，获得一种愉悦、成功的体验。当然前置性学习对教师而言，是了解学生对该知识点了解程度的一种手段，为之后的备课提供了参考和方向。所以在设计的过程中要注意其低入性、指导性、个人与小组结合性、趣味性、开放性及激励评价等原则。

所以本单元的前置学习我设计了两个题型，一个是有关母亲节内容的选择题，另一个是口语问答题。主要目的是：

1. 课前通过前置学习一方面让教师了解学生对母亲节相关单词的掌握程度。比如选项中的"carnation"，"What can you do for your mother?"这些都是本单元的核心词汇和句型。

2. 检测学生对母亲节了解的程度。

3. 激发学生对了解母亲节的兴趣。

对于评价我采用学生自评方式，做对一题得一颗星，以此作为激励机制。

前置学习情况反馈：

A: What can I do for Mum?

B: I have a good idea.

　 You can＿＿.

A: Yes. I can ＿＿.

　 Thank you.

对于前置学习单我做了一个统计，发现能够读懂五道题目的人数比例约为27％；读懂三题以上的人数约为56％。选择题第一题做对的人数比例约为71％；做对第二题的人数约为56％；做对第三题的人数约为86％。通过前置学习反映出学生对母亲节的时间和花有些许了解，但是母亲节来历起源于哪个国家及其英文单词对于他们来说有难度。因此在收集了这些信息之后，我对备课进行了调整，增加了节日起源的介绍，并且着重探讨话题"我们能为母亲做些什么？"

b. 协同合作

说明：

百合花

这里要介绍一种很漂亮的作品的折法。用这种方法折出来的百合花没有茎、叶或者任何其他修饰，但是它那卷曲着的花瓣使整个作品特别妩媚动人。如果你愿意，可以用铅笔来完成花瓣的卷曲。

1. 先折一个菁蕉蛋坯形，并使开口的尖端置于顶部。

2. 把位于中间的4个小三角形往上翻，使它们的尖角指向开口的尖端。你可以通过绕中心轴旋转的方法折到另外的3个小三角形并用同样的方法折叠。

3. 再次旋转纸片，让平滑的一面朝上。

4. 从封闭的一端开始，把单层纸往里折，使它的边缘和中心线对齐，在所有的面上重复相同的操作。

5. 图为第4步完成后的形状。

5. 把相对的两片"花瓣"拉开，展开整个作品。

7. 把另外的两片"花瓣"拉开。你可以用你的手指使4个"花瓣"弯曲，当然你也可以用铅笔来做出弯曲的效果。

协同合作是我们英语学科经常使用的教学策略。一般以两人或四人为单位围绕一个话题或任务进行自助讨论和学习、练习。目的在于培养学生的合作能力和自主学习的能动性。在本课时的 Post-task 环节设计了同桌协同合作的对话，一起讨论能为妈妈做什么。在对话练习的过程中既培养了同学的合作精神，也起到了在语境中巩固语言的作用。

c. 任务驱动（协同美术）

Making a paper flower

说明：

任务驱动教学法是建构主义理论中的一种教学方式，它以任务为主线、教师为主导、学生为主体，教师的教与学生的学都围绕某一具体目标，基于几项任务，在强烈求知欲的驱动下，学生通过对学习资源的积极主动获取，进行自主探索和互动协作学习，使学习者在完成特定任务的过程中获得知识与技能的一种教学方法。从教师的角度说，是将以往以传授知识为主的传统教学理念转变为传授学生解决问题、完成任务的思维方式为主的多维互动式的教学理念；从学生的角度说，是将接受学习转变为探究式学习，学习知识由被动变为主动，由"学会"变为"会学"。

在本单元中我把任务驱动教学放在了 Post-task 环节，以达到在课堂尾声时学生仍然具有任务意识的目的。在设计"任务"时我们要考虑到班级年龄段学生的认识特点和接受能力。这个单元是面向二年级的学生，相对来说孩子年龄较小，不能做太过复杂的东西，但是对于动手做一做，他们有很高的积极性，基于这样的学情我设计了制作纸花这样一个任务。在之前的讨论中已涉及到送花给妈妈，我便设计一项协同美术课的拓展内容——折纸花送给妈妈，当然学生也可以课后自己探究完成作品。

二、实践反思

本课时主要使用了前置学习、协同合作和任务驱动三种策略。对于教学策略的使用其实在平日的英语课中都有涉及，但是相对来说前置学习使用的比较少，这次也是一个新的尝试。

（一）前置学习激发学习能动性

就本课而言，前置学习是发挥了一个问卷调查的作用。通过前置学习让老师知晓学生对母亲节词汇以及内容了解的程度。例如我根据数据得知首先学生语言词汇储存量较少，看懂全部问题的人不多，但是有关母亲节主题相关的词汇和相关知识，学生有些许了解，所以对于我的备课还是有一定的帮助的。最后这份前置学习单或许也能激发学生对母亲节其他知识的好奇心，从而自主地搜集相关信息。

（二）协同合作培养合作精神力

本课中的协同合作则起到了在语境中复习巩固单词、句型和激发学生思考的作用。在课中通过大量的图片、视频、歌曲等让学生从不同的纬度了解母亲节，并相应学习相关的单词、句型。在学习 Mary 和 Jack 为母亲节准备礼物时同时思考自己能为母亲节做些什么。协同学习让学生进一步思考并用语言表述自己能为母亲做哪些事情或准备哪些礼物，并为第二课时的交流做准备，而在这语言的交流中也促进了同学间的合作、分享。

（三）任务驱动提高学习兴趣度

本课中任务驱动（协同美术）则起到了激发学生学习兴趣的作用。在大家讨论给妈妈的礼物时提到可以给妈妈送花，那么我就提议折纸花这一项拓展内容，通过协同美术课，在美术课上完成纸花制作，这样既激发了学生学习兴趣也起到了跨学科的协同作用。

三、进一步探索

英语学科对于协同小组合作和任务驱动使用得较多而前置学习策略使用较少。但是经过这一次的探索我发现有些内容还有挖掘的空间的。

（一）文化类主题。对于文化类主题是可以有前置学习的，比如我们英语课当中有很多节日文化的内容，那么就可以根据这个节日确定主题，事先了解学生掌握的情况。而对于协同小组合作和任务驱动我们通常在 post-task 环节都有涉及，学生也都比较熟悉了。

（二）调查类活动。运用好课本中的 do a survey，既可以做前置学习也可以结合任务驱动进行调查任务活动。

例如 3BM2U1"Animals"一课中调查板块是用核心句型进行提问。那么如果我把它用作前置学习的话可以用已会句型"What animals do you like?"让学生课前做一个小调查然后上课时在 pre-task 环节作为一个引入；如果作为任务驱动那么放在 post-task 环节，让学生用新授的核心句型进行调查并填写表格。

（三）动手制作类。书本上类似 make and play 的活动可以结合美术等学科协同，进行动手做一做。很多具体怎么做的部分可以利用其他学科进行学习，从而协助提高英语课堂的效率，也可以将其他学科学以致用。

最后对于如何提高教学策略运用的有效性我有以下思考。一个是教学策略使用的内容设计上要语言精炼，让学生能够听懂并理解；内容精选，与时俱进，贴合学生；形式多样，丰富课程资源。另一个是各学科教师之间要协调好教学内容。对于协同点，涉及到协同的学科老师要提前碰头商讨教学内容，针对重、难点有所侧重。

对于协同的教学策略的运用我们依然走在探索的道路上，唯有不断努力探索才会取得更大的进步。努力，这是我们的态度，永远努力向上的协同学习心态。

（汤以吟）

智慧 3–5

小学英语协同教学的探索与实践

　　费罗姆金和罗德曼在《语言导论》中说，"语言不是文人学士、辞书编纂者制定的一种抽象物，它有坚实宽厚的基础，它产生于人类世世代代的劳动、需求、交往、娱乐和志趣之中"。因此，我们可以发现，兴趣是学生们学习语言的一大要素。如何提高日常英语学科的课堂兴趣，我们找到了一个好方法：协同。协同，在我们的日常教学中，已经不是一个陌生的词。在协同的教学过程中我发现，学生们在课堂有了更浓厚的学习兴趣，而且不单单是对于英语学习，对于不同的协同学科，例如科常、探究、音乐、品社、数学等相应内容也有了深入的理解。作为教师，我们应该通过不断地尝试来摸索适合学生的教学方式，将协同更加巧妙地融入到学科教学之中。

一、案例实践

　　以 5AM3U2 为例，结合书本内容，我们确定了"Alice 一家去海洋公园"这一主题，品德与社会、科常等学科加以协同。在尝试多学科协同的过程中，作为教师我们要做到以下两点。第一，我们要努力让学科的知识得以整合和连贯。有很多知识在不同学科的教学过程中是有一定联系的，因此我们教师要做有心人，要深入了解不同学科内容知识，努力将不同知识进行有机的串连。第二，我们要努力让知识和学生发生联系。学生是学习知识的主体，我们要针对不同年级的学生，不同学情的学生进行协同知识的整合,让学生们能够更加有效地进行学习。以 5AM3U2 为例,我谈一谈针对这一节课的协同学习。

在课堂上,我们设计了贴近生活实际的语境背景,让学生们能够在语境中进行学习和思考。对于协同,我认为除了不同学科间的知识协同之外,新知和旧知间的联结也很重要。因此,在每节课前,我根据每一个 unit 的核心内容,整合不同年级学生学过的旧知和将要学习的新知,来创设语境,通过生活化、实时化以及富有乐趣的语境内容,提高学生们的学习兴趣,同时也注重在情景学习中,加强学生学习能力的提升。例如在 5AM3U2 中,创设贴近学生生活的情景。书上 P35 的原文为:

Today is a nice, warm day. We are going to Ocean World. We take Bus No. 3 to Ocean World, because it's the most direct way to Ocean World. There are many sea animals at Ocean World.

First, we see some sharks. They are strong. They have strong bodies and sharp teeth. They can swim fast and catch small fish. We see a shark feeding show there. How exciting!

Then we see the dolphins. They have smooth tails and round mouths. They are cute and clever. They can stand like people and play with balls. We see a dolphin show there. How exciting!

After that, we see the turtles. They are lovely. They have long tails. They can swim very slowly. Mother turtles can lay many eggs once a year. How wonderful!

We eat lunch at twelve fifteen. The restaurant is clean and the food is nice.

Here, we can see many animals they are not very easy to see. How amazing!

Here, we can know more about sea animals. How exciting!

Here, we can have a close contact with sea animals. How wonderful!

在引入部分,我设计了这样的一个环节,有三条路线可以去 Ocean World。

首先让学生们自己陈述我们可以怎么去，学生们根据生活的经验和以往学过的知识，能够表达是哪三条线路。然后一起听一听 Alice 的选择，并说一说理由。Alice 选择了第三条路线，因为它是最直接的路线，不需要换车。在这样的一个思考和讨论的过程中，学生们就会根据自己的生活实际来想一想如果

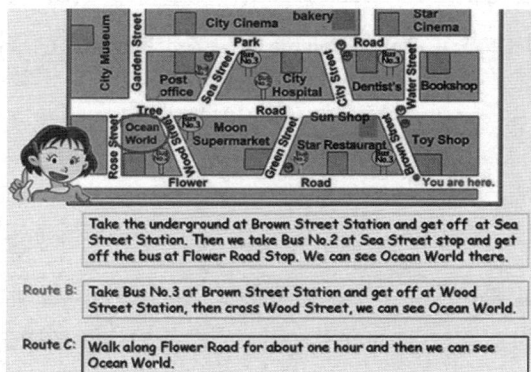

他们有三条路线选择的话他们会选择哪一个。学生们的答案虽然不一致，但都有其道理，每一个人都能表达出自己的想法，有利于锻炼学生们的思维能力，学会根据生活经验来进行路线的选择。

同时，探究课堂上，有一课是让学生们设计东方绿洲的游玩线路。通过本课时的学习，学生们能够掌握设计路线的基本原则：便捷、直接、安全。学生们可以根据自己意愿设计更便捷的旅游路线。通过这样的尝试，努力将学习到的知识应用于生活，学以致用，这便是学习的意义所在。

在教授第三个动物 turtles 的时候，我又用了以下的协同策略，如图所示：

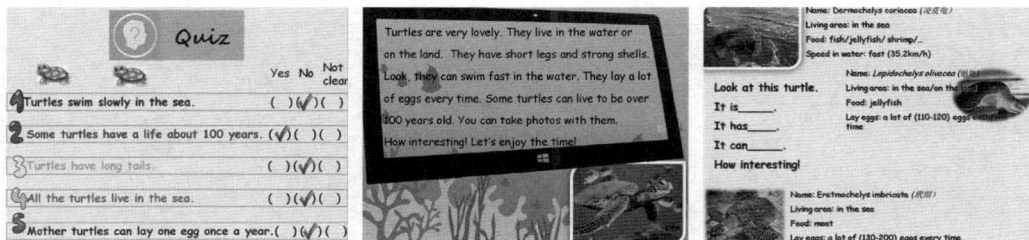

通过 Quiz 的方式来让学生们对 turtles 的相关常识进行判断，再参考场馆中关于 turtles 知识的介绍，最后展示一些不同种类的 turtles 让学生们进行介绍。这一做法打破了以往课堂上一贯知识灌输的教学模式。由于去年五年级的学生们春游目的地

正好是海洋馆，因此，学生们能够将学习到的知识得以运用，这也是我们教师追求的协同效果。通过知识的整合，学生们能够在生活中实践。

二、案例反思

"协同"说来简单，实则不易。首先，作为教师，我们要努力理清各个学科的脉络，了解该年级的学生需要学习什么知识，哪些知识可以综合。其次，教师在掌握知识的基础之上，也要关注学生，关注他们当前的学习需求，他们的学习精力重点放在哪方面，他们的关注点在哪，知识是为了生活服务的，要更加关注学生的情感体验。

通过这次实践，我也在协同教学过程中得到成长，了解了知识整合的原则、要求和不同学科内容的组合方式。但同时，我也看到了自己的不足。首先对于不同学科之间的知识联系，还不是很了解，可能存在有的知识点没有顾及到的问题。希望在下一次的教学过程中，可以将协同知识更加自然地结合、过渡。此外，对于学生们课后生活了解不足，因此一开始设计的学科内容无法让学生产生情感上的共鸣。我们应该努力了解学生，了解他们的生活，才能够让课堂更加充满生活的气息。

（蔡弘喆）

● 智慧 3-6 ——————————————————————————————————

协同学习小组，助科学课堂努力乐学

在科学与技术的课堂上总能听到学生口中蹦出十万个"为什么"，这些"为什么"困扰着他们，阻碍他们在科学海洋中的前进。在科学课堂 35 分钟的时间内，教师的班级、个别指导时间有限，如果有可能及时在科学与技术课堂上开展"协同小组"学习，让一部分学习能力强的学生努力带动另一部分学习能力较弱的学生，相信班级的整体学习情况将到达一个新的高度。扫清了这些让孩子们苦恼的"为什么"，学习效率自然就提高了。因此，我认为"effort 努力"是一种在课堂中师生共有的态度，当我们拥有努力向上的学习心态，就能在科学课堂中收获知识、收获快乐。

一、《小水轮》实践案例

《小水轮》是《科学与技术》一年级第二学期第三单元《水和空气》第 2 课时的教学内容。学生通过搭建小水轮，探究影响水轮转动快慢的因素，初步感受古人的智慧。教材内容以有趣的游戏、体验、制作等活动形式为主，符合一年级学生的年龄特点和认知水平。

在协同教学的指引下，我通过前置学习策略，引导学生在课前调查水轮在古代的用处；通过任务导向性策略，指导学生学会看懂流程图、能正确搭建水轮；通过协同学习小组策略，引导学生在实验、观察、比较中探究影响水轮转动快慢的因素。

通过前置学习策略、任务导向性策略、协同学习小组策略等协同教学策略的引导，本课不仅符合一年级学生的年龄特点和认知水平，也让学生在科学课堂中更为努力乐学。

由此我采用了基于协同学习的任务导向策略，结合实际的教学内容，为"协同学习小组"设计了一份任务单。有了任务单的指引，学生清楚自己的任务是什么，预习目的更明确。另外，考虑到协同学习小组中四个组员的不同学习能力和学习情况，我也将任务的难易程度分层。其中任务一和任务二的难度较低，适合学习水平比较低的学生，任务三和任务四的难度则相对较高，适合学习水平比较高的学生。不同难易程度的任务供不同学习水平的学生选择，相信他们完成起任务来会更加积极、顺利，有助于提高课堂效率。

任务单

温馨提示：本次任务共有四项，请四位组员每人认领一项。

1. 看看、说说：如何按顺序看"组装小水轮"流程图。

2. 拼装：小水轮。

3. 试试：让小水轮转起来。

4. 探究：怎样让小水轮转得更快？

根据思考，《小水轮》一课中的"活动二：试一试，小水轮转起来"这一环节我是这样设计的：

活动二：试一试，小水轮转起来

（一）活动目标：

1. 通过设想、尝试，找到让小水轮转动的方法。

2. 通过尝试、观察，学会调整叶片角度，使之与水流形成合适的角度。

3. 通过对比实验，知道水量大小、水位高低、水流位置是影响水轮转动快慢的主要因素。

（二）活动器材：

小水轮、水槽、饮料瓶（带喷嘴）、抹布

（三）活动描述：

在"小水轮转呀转"的游戏中,安排两人一组开展协同小组实验,提供充分游戏时间;准备带喷嘴的饮料瓶,方便控制水流大小且不易打翻;准备干抹布,注意擦干溅出水槽的水。教师在投影下用水流的力量让不同叶片角度安装的水轮转动,帮助学生直观发现:调整叶片角度,使之与水流形成合适的角度,才能让水轮更容易转动。在"怎样让水轮转得更快"的对比实验中,教师可针对一组对比实验开展演示,帮助学生理解控制变量实验的特点。在学生实验中,安排每组先选择一组对比实验开展实验探究,保证实验有序、有效。

活动二：试一试,小水轮转起来

学生活动	教师指导	备注
◇ 思考：怎么样让小水轮转动起来？ ◇ 游戏：小水轮转呀转。 ◇ 讨论：为什么有的水轮转得快？有的水轮转得慢？ ◇ 猜测：哪些方法能让水轮转得更快？ ◇ 实验：怎样让水轮转得更快？ 水流大 VS 水流小 水流高 VS 水流低 水流在叶片边缘 VS 水流在叶片内侧 ◇ 发现：水流有力量！水流大、水流高、水流位置在叶片边缘能让水轮转动得更快。	◇ 引导学生观察古代水车是怎么转起来的。 ◇ 安排两人一组,准备干抹布。提醒学生注意环境整洁,溅出水槽的水要及时擦干。 ◇ 在投影下用水流的力量让不同叶片角度安装的水轮转动。 ◇ 鼓励学生大胆、合理地猜测。 ◇ 教师可演示其中一种对比实验(如,水流大 VS 水流小:水流大小不同,水流高低相同,水流倒下的位置相同)。 ◇ 指导学生开展实验总结。	使用带喷嘴的饮料瓶,方便控制水流大小且不易打翻。 帮助学生直观发现调整叶片角度,使之与水流形成合适的角度,才能让水轮更容易转动。 安排每组先选择一种对比实验开展实验探究,保证实验有序、有效。

二、实践反思

为了了解协同学习小组学习的有效性,我将本堂课与其他采用传统学习方式的班级进行了对比。经对比发现,总体上,本堂课取得的效果要优于采用传统学习方式的课堂,主要得益于教师和学生的共同努力。

首先,教师关注了学生个体差异性,提高了学习效率。由于科学课堂主要以学生实验、探究为主线开展教学,在传统的教学模式中常常会发现学习能力较弱的学生游离在科学课堂的边缘,久而久之,他们的学习兴趣消磨殆尽、学习效率变低。而"协同学习"小组的开展,仿佛让这一群在科学海洋中迷路的孩子找到了正确方向的引导者——协同学习小组中能力强的学生。"兴趣、信心、尝试"是科学课堂最需要的三个关键词,以新教学模式为平台,学生在小组中各司其职,各展所长,在"兴趣、信心、尝试"中体验合作的快乐,发现自己的闪光点。因此,"协同学习小组"的开展,由于教师关注到学生个体差异性,提高了课堂的效率。

其次,学生拥有努力向上的心态。由于在"协同小组"学习中,学生积极运用所学的知识,向上的心态和同伴的相互合作解决了在制作中可能遇到的各种问题,因此在拼装小水轮时的速度加快、质量也提高了不少。

通过《小水轮》这次实践,我明白了协同小组学习是小学教育中的一股新力量,如何将这股力量巧妙地用在科学与技术课堂上,让科学与技术课堂变得更努力乐学? 相信这需要我们花更多的时间、经历去探索和研究,期待有一天可以看见协同学习小组在不同学科中都能架起一座立交桥,让教师和学生在这座用心筑起的桥梁上走得更快、更好!

（许金金）

智慧 3−7 ──

"Effort" 让音乐更有灵性

"GREEN 协同教学"中的"effort 努力"指的是在音乐课堂中，通过教师的协同小组策略让学生拥有积极向上的学习态度，从而提高课堂学习效率。平时上课我们经常会碰到一些学生，对课的内容没有兴趣，即使分了小组，他们也始终提不起学习的兴趣。我认为问题首先是分组的不合理。音乐课堂上的小组基本就是按教室座位次序就近组合，没有经过考虑就随意安排分配，在一定程度上造成了小组之间的能力不均。长此以往，能力弱的小组参与度变得越来越低，使学习走向恶性循环。其次是教学设计中，缺乏对小组合作学习精神的理解和使用策略的思考，合作往往简单化、形式化，小组成员不需要深入思考就可以解决问题，使合作学习成为了课堂教学"摆设"。最后，教师在教学设计中或课堂实践中不懂得如何把握小组合作的时机，不懂得引领小组成员发挥各自的作用，学生参与度大大降低，"自主探索、合作交流"也只能成为口号。所以只有合理地分配并充分利用小组，适时把握合作学习时机，才能使学生拥有积极向上的学习态度，从而更好地提高课堂学习效率。

案例背景

《勤快人和懒惰人》选自上海音乐出版社三年级第一学期第三单元。这一首美国童谣，诙谐有趣。一段体，二四拍，C 大调。歌曲旋律中级进与小跳紧密结合，节奏规整,结束句的重复使得歌曲更完整统一。通过音乐中的速度变化来感受音乐中塑造的不同人物形象。勤快人的快速,懒惰人的慢速,能使学生感受到不同节奏所带来的音乐形象。

案例简介

【教学内容】

1. 学唱歌曲《勤快人和懒人》

2. 创编歌词《教室一角》

【教学目标】

1. 在学唱歌曲《勤快人和懒人》的过程中,感受歌曲风趣、幽默的情绪特点,同时对"快乐劳动"的主题有所体验,建立热爱劳动、热爱生活的基本的人生态度。

2. 在感受体验、节奏小品、自主学习、听唱结合等教学活动中学会歌曲《勤快人和懒人》并能用速度的快慢来表现歌曲的情绪。

3. 通过歌曲《勤快人和懒人》的学习,会为歌曲《教室一角》进行创编歌词创编。

【教学重点、难点】

教学重点:体验"快乐劳动"的主题,建立热爱劳动、热爱生活的基本的人生态度。

教学难点:学生自主领悟歌曲《勤快人和懒人》中两段歌词的不同情绪。

【教学流程】

一、导入

关键设问:

刚才我们进入教室时听到的音乐你们还记得吗？最擅长的劳动是什么啊？你们觉得,故事中的小猴子和小狗分别是怎样的小朋友呢？

（一）学生听音乐进入教室《劳动最光荣》

（二）看视频《猴子蒸糕》

（三）师生共同复述故事内容

二、新授《勤快人和懒人》

学习歌曲第一段

关键设问：你能听出这首歌曲中的劳动地点在哪里吗？他们在干什么？

（一）初听第一段

（二）复听，第一段歌词

（三）解决难点

1. 出示歌词

"有的炒菜、有的煮饭、有的在蒸馒头"

2. 朗读歌词

3. 视唱乐谱

4. 出示第一段歌词师生接龙演唱

5. 完整演唱歌曲第一段歌词

学习歌曲第二段

关键设问：你们能通过小组协同学习自学第二段的歌曲吗？

1. 听第二段歌曲

2. 自学第二段歌谱

3. 自学第二段歌词

说明：学生在老师的带领下学会了歌曲的第一段。以同样的方法，让他们自学第二段，学生会因为任务的挑战性而激发其学习的动机，也从中增强了学生合作的自信心和满足感。

（四）指导声音，歌曲处理（游戏：心有灵犀）

关键设问：你们能根据老师的伴奏速度选择演唱的段落吗？为什么？你们想玩一次疯狂的厨房吗？

1. 完整演出歌曲并出示课题

2. 学生根据老师的伴奏速度选择演唱的段落。自己在演唱中悟出速度与音乐形象的关系。

3. 观看《疯狂的厨房》加入打击乐器伴奏

4. 完整歌表演

三、创编歌词《教室一角》

关键设问：你们想为《教室的一角》来创编歌词吗？

1. 出示媒体，创设情景

2. 启发学生联想教室里各种劳动的场景

学生分成三组。以协同小组的形式，在组内创编一段歌词。

说明：学完整首歌曲，对歌曲的旋律已经相当熟悉了，相同的旋律节奏让学生想象配上相应的劳动场景的歌词，对于激发他们的努力学习的欲望是非常有利的。这时就要及时把握住小组合作的时机，最后评选"最佳作词小组"。学生可谓是"乐在其中"。

四、课堂总结

最后，我对小组合作策略进行了一些反思并在教学过程中做出了调整：在开学初期我就对全班进行了以能力均衡为前提的科学的分组搭配。我在构建小组时遵循"组内异质"、"组间同质"的原则科学合理地组建合作小组。小组人数设定在 12—13 人，按学生的个性、音乐特长、综合能力等方面进行均衡分配。然后制定有序的小组合作规则，并经常在课堂中进行实践和及时修改。选出组长明确职责，考虑到音乐课的课型多样，组里的同学各有所长，发挥组内成员的优势。同时采用组长轮岗制度，这样就能把学习效率提升到最大化。例如：这节课是一节歌唱教学课，其中一个环节是自学第二段歌曲，我就让识谱、音准好并具有一定歌唱基本功的孩子来担任组长，这样就能够更好地带动组内同学在短时间内更有信心地完成自学任务，并使学生保持较高的热情，又能够通过合作学习使自身得到提高。同时也要注重交流和分享的方式，做到认真倾听和有序分享。同时要注重把握合作学习时机，例如在最后的创编歌词环节，我让学生以协同小组的形式，在组内创编一段歌词，因为学生已经学完整首歌曲，对歌曲的旋律已经相当熟悉了，相同的旋律节奏让学生根据生活经验重新填写歌词，对于激发他们的努力学习的欲望也是非常有利的。

（朱奕琳）

◉ **智慧 3 - 8** ─────────────────────

让学生感受运动美

在教学改革日新月异的今天,如何教好每一位学生,成为我们教育工作者最需要思考的内容。在日常体育教学中,我也一直在思考,如何让学生快乐地学,学得更快乐;如何激发学生的思维,高涨学习的情绪;如何展开想象的翅膀,激情遨游广阔的学海……

一、案例背景

依托学校对教学策略的一些研究和探索,进一步提高体育课堂教学效果,积极落实《体育课程标准》对于学科的要求,在努力坚持"健康第一、终身体育"的教学思想指导下,以学生的发展为本,结合小学阶段学生的心理、生理发展特点,积极培养学生终身锻炼的意识。在日常教学中,通过精心设计教学步骤,加强教学语言的引导,营造轻松与活泼的教学氛围,最大限度地发挥学生的运动潜力;并运用一些比较有效的教学方法与策略,在体育学科的教学中,引导学生合作学习、探究学习、碰撞思维,擦出思维的火花。

在学科教学的过程中,尝试实施任务引导的教学策略,旨在积极培养学生勤学乐学、善于评价,在思考中展现自我,在交流中提升学习能力,在成功中不断地去体验体育学科的无限乐趣与魅力。

二、案例介绍

（一）学习内容

本节课选用小学五年级第二学期的教学内容"投掷实心球"和综合练习"通过栈道"。

（二）学习目标

1. 有效地调动五年级学生的学习投掷的积极性，努力让学生们愉快参与其中，积极提升课堂学习气氛。

2. 培养学生的学习自主性以及终身体育的意识和创造能力，把"教学"转化成"任务引导"。

3. 让学生能应用所学的知识，能在生活中多加练习动作技能。

4. 积极采用任务导向策略，不断提高投掷教学的课堂质量。

（三）教学设计

在教学中进行大胆尝试，采用观察法、体验法、提问法、情景导入法，适时采用任务导向策略，不断提高教学的效果。在学习过程中注重评价，引导学生发现问题、展开思考、解决问题、体验成功，在相互交流中找到差距，让学生不断在尝试中体验成功。让每个学生乐中练、练中乐，享受体育学科带来的愉悦，在愉悦中掌握"投掷实心球"的完整动作技术。同时，在激活思维、拓展能力的过程中体验合作、创新与成功，通过完成一些任务的方法来有效地提高学生主动参与学习的兴趣，不断提高体育教学效果。

三、教学实施

在练习投掷实心球之前，设计适宜的教学情境，使学生在教师营造的教学情境中尽快地进入"角色"。

师："同学们在电影、电视中有没有看过解放军叔叔投掷炸弹的镜头？"

生："有。"

师："大家能模仿一下吗?"

生："能。"

师："好,下面我们就利用手中的实心球,来做一下投掷练习,每位同学练习三到五次,看谁投得好。"

然后,教师进行教学示范,让学生通过观察、讨论、交流,最后得出结论:双手持球,快速挥臂将实心球由头部的前上方用力投出。紧扣投掷实心球的动作要领。接着,通过语言的引导,让学生进行自主练习。

师："在投掷炸弹时,不仅要远,而且还要怎么样?"

生："还要投得准。"

师："对,你们真聪明,回答得非常好,不但要远,而且还要准。"

师："现在,在我们的前方就有一座敌人的碉堡,大家来试一试,看谁能够把炸弹投进碉堡,消灭敌人?"(任务就这样被布置出来。)

生："好,我能做到。"

在教师的统一口令下,学生先在大的圆上投,然后根据自己的实际情况自由选择,可以在大圆上投,也可以在小圆上投。再男女分组投,看哪一组实心球投进碉堡次数得多。最后让学生们一个个轮流投,采取学生自评、互评、教师评价相结合的方法,让学生不断熟悉和掌握投掷的技术动作。在完成此项任务的过程中,学生有一种努力表现自我的欲望,在教师正确动作示范的基础上,激发学生演示,组织小组讨论,营造了一个展现个性的舞台。同时,还让学生体验了军旅情境,通过任务导向策略的适时运用、结合语言的渗透,也对学生进行一次爱国主义和国防教育,体现了"育体育心"的体育学科教育理念。

在接下来的综合活动当中,借鉴投掷教学的经验,让学生感受体育课的快乐,承上启下,模拟一个具有丰富意境的军事战斗游戏"通过栈道"。教师在清晰规范地讲解了游戏的方法和规则后,引导学生利用已学的投掷动作技巧,并结合上下肢合理搭配的原则,充分利用器材和场地上的标志线来进行提高身体活动能力的运动。

师："接下来的游戏,要考验大家的能力了!要去完成一些艰巨的任务!大家有信心吗?"

生:"有!"

师:"首先,甲乙两组,要夺地雷,比一比,哪组夺得多!"

生:"明白,保证完成任务!"

哨音一响,甲乙两组学生快速跑至雷区夺雷。30秒钟后,甲组以多1雷的优势战胜了乙组。夺雷游戏的过程中,学生们情绪高涨,带着集体主义荣誉感,奋力夺雷,场上一片激烈的景象。夺雷的任务虽然完成了,可游戏并没有结束。此时,教师又提出第二个任务。

师:"接下来,任务更艰巨了,要把地雷埋好,布置雷阵,甲乙两组比一比,哪组布雷阵最快!"

生:"好,保证完成任务!"

哨音一响,甲乙两组,利用各自的地形,快速布雷阵。乙组最终以速度上微弱的优势战胜了甲组。学生们已经全身心投入到游戏当中,每个人都是战斗英雄。有句话说得好,精彩总是留在最后。教师不紧不慢地来到甲乙两组中间,布置了最后的任务。场上一片寂静。

师:"战斗马上就要打响了,甲组为敌军,乙组为我军。甲组用投掷的方法来消灭对方。乙组用奔跑绕过雷区的方法占领敌军高地,听清楚了吗?"

生:"是,保证完成任务!"

师:"既要减少牺牲,又要完成任务! 能做到吗?"

生:"能,一定能!"(甲乙两组展开了激烈的小组讨论,为接下来的作战拟定出有效的方案。)

师:"大家准备好了吗?"

生:"准备好了!"

哨音又一次响起,两军对垒,不相上下。甲组运用已学的投掷动作技巧向乙组发起了投弹攻击,乙组积极躲避甲组的攻击,越过雷区,向敌军高地进发。最终,乙组以绝对的优势占领了甲组的高地,给整个游戏画上了一个圆满的句号。学生们快乐无比,兴奋的心情溢于言表。场上的气氛热烈高亢,久久不能平静。这样的教学,激发了学生的学习热情,不但培养了学生的良性竞争意识,而且还让学生在挫折和克服困难中树立了坚强的意志品质,学会关心他人,发扬体育精神,形成合作与竞争并存的良性氛围。同时,也锻炼了学生的速度和灵敏性,使教学达到了高潮。通过尝试把游戏和体育教材有机结合起来,构成了新的教学情境,体现了"快乐体育"的思想宗旨。在课中,适时植入任务导向策略,取得了非常好的效果。从而让学生了解,只要在过程中自己付出了努力,成功与失败都将成为一种收获。

（伊　黎）

第四章 活力：儿童立场迸发的精彩

有活力的教学连接着真实生活情境,成就着更有活力的课堂。有活力的协同课堂是教师集多学科智慧所生成,引导和促进学生的学习;活力的协同教学是科学与人文精神的相融并立,在培养学生掌握基本的知识与技能的同时,更在培养全面发展的现代人。学生在充满活力的协同教学活动中,通过自主探究、合作分享,高效地完成学习任务。

E：energy 活力，这是我们的教学：具有活力的协同教学活动。在协同教学中，我们通过有效整理并合理开发社会、生活和媒体中的各种课程资源，为课堂的活力呈现提供丰沃的土壤。我们认为，具有活力的协同教学应该具备如下五点特性：一是自主探究性。自主探究的学习方式是新课程所倡导的重要理念，是学生主体得到充分体现的课堂教学方式之一。即真正做到以学生为中心，以促进学生的发展为目标，真正做到把课堂还给学生，站在学生的角度进行教学，既重视基本知识和基本技能，又重视知识、技能的形成过程和方法，发展学生的能力。二是合作分享性。新的课改理念主张个性的体验，同样提出要培养学生合作学习的能力，在教学中开展任务活动，促使同学们合作分享，并根据每个学生的个性特点发挥他们的特长。即通过协同学习小组的建制，围绕一个具体问题在小组内进行师生、生生互动，合作完成任务，并在这个过程中积极主动地与小组成员分享交流自己的想法。三是开放多元性。开放多元的课堂从时间上说是现在与过去、将来连接，从空间上说是课内与校内外、家庭、社会的合力，从内容上说是书本与生活结合，打破"求同"，敢于"求异"，不受定式的影响，不受传统的束缚，思考、解决问题要多角度、多因果、多方位。即通过教师选择开放的内容，提出开放式的问题，采取开放的教学方式，使得课堂有效地联结过去与将来，联结生活，联结家庭和社会，课堂才具有了生命的活力。四是智慧生成性。智慧有其鲜明的外部特征：愉快、活力、幸福，要让学生智慧起来，首先就要让他们愉快起来、自由起来，散发活力，只有愉快的心态和自由的氛围才可能有智慧火花的闪现。即教师富有智慧的设计与启发，点燃学生的智慧之火。教师应及时抓住课堂中的生成点，适时点拨，引导学生探索解决,从而让课堂产生灵动的旋律。五是科学精神和人文精神相融并立性,即绿色协同的目标是为了培养全面发展的现代人。教师在协同教学中不仅仅是培育学生的知识与技能,更重要的是培育学生的灵性,这都需要科学教育与人文教育相结合。

智慧 4-1 ——————————————————————————————

以协同教学策略打造智慧课堂

伴随着学校协同教学的深入研究，我校在统整教材、完善协同指南的基础上，开展了基于学生协同学习的教学策略研究。

一、基于学生发展，设计教学策略

我校的协同教学通过探索、研究多种有效的教学策略，促进课堂教学方式的多样化。协同教学策略关注学生的学习起点，关注学生在学习过程中存在的问题，激发学生的学习动力，帮助学生由"学会"变为"会学"，从而使课堂教学充满活力和张力。

（一）培养学生学习能力，让课堂焕发活力

课堂教学的终身教育教学理念是注重受教育者的学习能力培养。我们常说把课堂还给学生，把学习的主动权交给学生，让学生学会学习。基于学生协同学习的教学策略研究帮助教师从重知识传授转向重能力培养，改变教师的教学方式，实施以学生为中心的启发式、讨论式的教学，提升学生的学习能力。协同教学策略研究力求使学生在协同学习过程中互动、互助，发挥学习主动性，使课堂焕发活力。

（二）探索学科教学规律，让课堂充满智慧

每一门学科的学习有其内在规律，在协同教学中要关注到教材整合后各学科教学的特点。只有遵循学科教学规律,才能根据不同的任务和内容设计有效地实施协同学习教学策略。这些策略的设计和运用只有符合学科教学规律,对教学内容、教学活动过程、教学组织形式、教学方法等进行整体考虑,才有利于学生收获高质量、高效率的学习能力和学习品质,也有助于提升教师的教学机智,使协同教学成为开启学生智慧的现代课堂教学。

二、开展课堂实践,运用教学策略

如何有效地运用协同学习教学策略,使得课堂教学过程既符合学科教学规律,又培养学生的学习能力呢? 我结合小学语文沪教版三年级《埃及金字塔》这篇课文谈谈自己的实践体会。

(一)选择策略,达成教学目标

"学习课文,了解把建筑物的特点介绍具体的写法"是《埃及金字塔》这节课的教学目标之一。为达成这一目标,我选择运用前置学习策略和任务导向策略。

1. 依据学生实际,选择前置学习策略

本课是一篇介绍建筑物的说明文。学生在学习本课之前,有学习类似课文的经历。如何把这些经历变成经验? 我想到了前置学习策略。在预习阶段,先让学生回忆之前学过的《悉尼歌剧院》,思考介绍一座建筑时需要讲清的内容。课堂上,学生先就学过的知识进行交流,再进入到新课的学习。这一教学策略从学生的起点出发,了解学生已经掌握了什么,接下来需要学习什么。通过与之前学过的同类课文建立联系,调动学生的已知,唤醒他们的经验来学习新知。

2. 围绕教学重点,运用任务导向策略

课文重点介绍了金字塔宏伟和精巧的建筑特点,指导学生体会并学习作者的写法是教学的重点,为此我选择了任务导向策略。课堂教学中,要求学生读第三、四自然段,看看作者是怎样把金字塔的宏伟与精巧写具体的。学生带着任务进入课文重点段落学习。任务导向策略的运用直接指向教学重点,帮助学生找到学习这一类文章的路径,确保教学目标的最终落实。

（二）整合策略，提高教学效益

1. 前后联系，关注整体

在教学过程的实施中，教学策略的运用不是单一的，有时需要整合。在这一课的教学中，前置学习策略和任务导向策略的运用是密切关联的。

学生学习这类课文不是零起点，而是有一定的学习写建筑文章的基础。这就需要老师找到学生的起点，与之前所学的内容进行关联。通过前置学习策略来唤醒学生的记忆：在介绍一座建筑时，我们通常要告诉别人建筑物的名字、地理位置、形状、作用和建造时间等，这些都是人们了解一座建筑时需要知道的基本信息。学生回忆介绍建筑物的写法后，老师布置相应任务，让学生读课文，找找作者在介绍埃及金字塔时都写到了哪些内容。任务布置直接与前置学习的内容紧紧相连。前置学习策略引出任务导向策略，在任务导向策略实施中又对前置学习的内容加以巩固。

2. 小组协同，提升能力

在运用协同学习的教学策略过程中，学生学习能力的培养是教学的核心。在反馈预习作业时，组织学生在协同小组内先进行交流。由于是对之前学习内容的反馈，因此由组内相对弱一些的学生发言，帮助他们复习旧知，从而更好地感知新知。在新授环节的第二次任务布置后，再次组织进行协同小组学习。这次由组长带领学习，交流所画句子，再说说作者是怎么写具体的。组内学习较好的学生先发言做示范，再逐一交流。小组协同学习为学生提供了更多的课堂参与机会，增强了主体参与性，提高了教学时效。

三、反思教学过程，优化教学策略

（一）策略运用要体现灵活性

教学要关注学生的发展，无论选择什么样的教学策略，都必须以学生的学为本。这篇文章所在的单元只有这一篇是写建筑的，按照以往的教学就是运用任务导向策略学习。但联系前一个学期学习的文章时，会发现学生已有学习这类文章的基础，因此可运用前置学习策略来帮助学生梳理这类文章的学习方法。

通过这一课的教学，我感受到在语文教学时我们不能仅关注一篇文章，教师在教一篇文章的同时要想到一个单元或一类文章，选择和运用不同的教学策略实施教学过程。例如二年级的阅读教学，可以从词句理解入手，运用前置学习策略，发现学生理解词语的起点，引领学生深入学习；对于归纳能力的培养可以运用任务导向策略，指导学生分步概括；对于写法指导类的教学，则可运用多种策略相结合。灵活运用教学策略，能更好地为达成教学目标服务。

（二）策略运用要体现层次性

课堂教学过程呈现一定的层次，因此不同的教学策略不是简单的综合，而应彼此互为关联，又能逐层递进。

在教学《埃及金字塔》这篇课文时，一开始的前置学习策略是从学生的起点出发，结合学过的课文来复习，这样的难度不高，学生在交流中唤醒回忆。接着通过任务的布置，指导学生运用先前学习的知识，达到温故而知新。这是在前置学习策略上的递进。在了解课文介绍埃及金字塔哪些内容后，再次运用任务导向策略，指导学生去体会作者是如何把它的特点写具体的，学习的阶梯又向上跨了一层。教学层次的递进使得教学策略之间相互联系，同时又体现层次性，最终指向教学目标。

（陆莉莉）

智慧 4 - 2

学科有效整合，彰显教学活力

如何由"带着知识走向学生"转为"带着学生走向知识、能力"，引导学生进行探究学习，这是所有教师一直思考的问题。我认为，在确定学生学习主体性的基础上，有效整合学科资源，开展具有活力的协同教学活动，引导学生主动参与课堂，师生互动，同伴交流，使学生专注于学习内容，主动好学，这样孩子们才能享受到愉悦、充满生机的课堂教学。

我们常说兴趣是最好的老师。如何激发学生学习兴趣呢？加强学科整合是一条有效的途径。有效的整合，可以创设教学情境、提供丰富的信息资源、便于个性化探究性学习。它可以化抽象为形象，引起学生浓厚的学习兴趣，触发学生无限的联想和想象，给学生个性化的学习提供条件。

作为一名语文教师，同时现在我也在任教探究这门学科。我就在如何有效地整合语文与探究这两门学科的教学资源，发挥学科的特点，彰显其内在的魅力使协同教学更具活力这方面做了一定的探索。

一、学科有效整合的方法与策略

（一）案例：探究第四册第二单元《天气预报》

策略一：教师在保持各学科的独立地位的同时将不同学科的相似主题进行整合，

促使学生能够从多角度整合相关信息,从而能够全面、深入、客观地理解知识,运用知识,将新旧知识串连起来,活跃思维。

课时一：

1. 课前师生互动,组织学生相互讨论交流了解天气预报。

2. 教师引导学生认识常用的气象符号、标识。

3. 小组讨论相关问题：

(1) 天气预报可以告诉我们什么?

(2) 可以从哪些途径知道明天的天气情况?

(3) 知道明天的天气后,你可以做哪些准备?

通过这一系列的问题的探究,学生可以初步了解天气预报的重要性。

课时二：

1. 课前导入：由二年级第一学期语文课《海上气象员》一文引入,学生回忆"课文中的海上气象员是谁? 它是怎么预报天气的?"

2. 学科过渡：教师总结学生的发言,进行深入引导："像海鸥这样的动物气象员还有很多,大家想进一步了解吗?"激发学生的好奇心,自然地过渡到探究学科的教学。

3. 互动交流：学生利用已有的生活经验探讨哪些动物的反常行为能预报天气,它们是怎样预报天气的。教师适时补充资料丰富探讨内容,引导学生平时要善于观察,这样才能防患于未然。

这样的学科整合既保持学科的独立性,又能激发学生的探究欲望,丰富课堂教学内容。这样的教学活动体现了协同教学的主旨。

(二)案例：探究学习第四册第六单元《美丽的地方》

策略二：整合学科间共有的教学资源,运用任务导向策略,以小组为单位进行协同学习,锻炼学生的语言表达能力,让学生更好地感受语言文字的魅力。

教学背景：二年级的学生跟随语文教材欣赏过"迷人的蝴蝶谷"、"黄山奇石",游览过"西湖名堤"、"美丽的西双版纳"。利用好学生已有的学习资源,才能更好彰显语文、探究两门学科的魅力。

课时一：

1. 第一节课前,要求学生复习上述几篇课文,积累优美语句,为"学做小导游"做准备。

2. 课上,要求以协同小组为单位选取上述四个美丽景点中的一个,运用积累的语言向大家介绍景点。(希望通过这样的方式帮助学生运用好已积累的语言。)学生交流的同时,教师适时点拨,帮助学生归纳做好"小导游"的基本要点。

3. 教师带领学生阅读、探究书上的导语,引导学生学会从不同角度来探究美丽的地方。

4. 布置任务：以协同小组为单位介绍一个美丽的景点。

课时二：

1. 发现问题：第二节课上,请各个小组交流学习成果时发现有人滔滔不绝,有人一言不发的现象。

2. 解决问题：为避免这类情况再次出现,我调整方法,运用任务导向策略,为其他几个班的学生设计了这样一份任务单：

温馨提示：本次任务共有四项,请四位组员每人认领一项。

(1) 说说你们要介绍哪个景点？在哪里？

(2) 网上收集这个景点的图片(或自己旅游的照片)。

(3) 用几句话介绍景点的美丽、神奇。

(4) 写几句景点的宣传语。

3. 教师充分考虑学生学习水平和能力间的差异性,进行分层布置任务,不同难易程度的任务供不同学习水平的学生选择,有助于学生高效完成任务,提高课堂效率。

4. 在接下来的探究课上,学生按照自己的学习基础、学习兴趣来选择探究内容,他们有了自主学习的天地,有了自由表达的机会。他们上网搜索有关图片、资料,并以自己喜欢的方式向大家介绍所了解到的知识，这样的课堂充满活力，可以收获意想不到的惊喜。

二、学科整合的现实意义

学科整合不仅大大地提高了课堂效率，而且体现了教师创造性教学的成果，教师通过深入钻研教材，分析不同学科的特点，创造性地实施课程整合，有利于引导学生掌握不同学科之间的规律。课程整合，将不同学科零散的知识组合在一起，形成一个具有主题意义的整体，有效地避免了课程内容的重叠与分化。实施课程整合，使教学目标更加明确，增强教学针对性，可以有效地节约教学时间，优化课堂教学。

语文课程标准提出：在教学中，要积极倡导"自主、合作、探究"的学习方式。这一理念不仅强调了学习方式的变化，而且强调了学习和发展的主体是学生，学生在课程与教学中的主体地位得到重新的确认。在学科整合过程中，在教师的带领下，学生需要发挥主动性，将不同科学知识重新加深理解，形成整体思维。学科之间的有效整合，大大地激发了学生的学习兴趣，通过协同学习的方式，学生学习能力得到锻炼，课堂充满乐趣与活力。

（姜健美）

智慧 4-3

让古诗教学点"石"成"金"

协同教学之中的活力指的是在教学过程中，根据学生年龄和学科知识的特点不同，通过课堂的教学互动，创设适宜的学习环境，使学生能在积极的情感和优化的环境中学习。我们所需要的，是让学生们的情感活动参与认知活动，积极投身所在的情境思维，从兴趣入手，在情境思维中获得知识、培养能力、发展智力的一种各学科之间协同的教学活动。

长期以来，语文教学存在着一些不尽人意的地方，如课堂气氛不够活跃。我在长期的语文教学实践中意识到语文课堂教学应变为具有魅力的、有趣而有意义的活力的协同课堂。因为在语文课堂教学中，只有创设生动、形象、活泼的教学情景，才能激发学生的学习兴趣，学生才会全身心投入到探究学习中来。

在几年协同教学摸索中，我也努力尝试着，收益着，真切地感受到：在语文学科中巧妙地融汇其他各学科的学科特点，进行有选择的学习，注重全方位信息的整体融合，从而能让学生获取知识，能充分利用学习资源。而协同课的前置学习策略的巧妙运用，也打破了狭隘的单一课堂学习的概念，让学生从单一的书本中走出来，从禁锢的教室中走出来，形成自己的能力。这样的学习模式目的在于，能让学生在学习中得到更好的掌握，学得更主动，学得更有活力，真正成为孩子主动学习的桥梁，让语文教学能在学科协同中，得以体现自己的"味儿"！

一、古诗教学中的"前置学习"，点"石"成"金"

对于古诗教学老师们都感到单一、枯燥，从解题、释词到诗句解释全由教师包办代替。这样，教师讲得口干舌燥，而学生学得索然无味，所得甚少。为了让学生学得主动，学得有趣，语文课堂教学能成为"活力"的趣点，以古诗教学来抛砖引玉，点燃学生学习古诗的兴趣，同时充分发挥课堂教学中教师的主导和学生的主体，将课堂凝结成多学科的协同拓展点。我在教学《江上渔者》这则古诗时，课前设计了几题前置的预习练习题：

1. 仔细看看《江上渔者》的插图，说说在诗中，哪些是诗人看到的？
2. 读读看到的内容，再找找哪些又是诗人想到的？

（一）巧设"前置"，以图化解，"活力"入手

在古诗教学中，教师适当的点拨和启发，有助于学生的理解。而我设计了《江上渔者》前置练习"哪些是诗人看到的、想到的？"学生预习了这首诗，便于我自然过渡到"君看一叶舟，出没风波里"这一句诗句，我的大胆尝试，以图配诗，引导学生进入意境！在口述诗意的基础上，用简笔画的多重曲线表现出波涛汹涌的海面，再在海面上点出隐没在浪涛里的可怜的小舟，配合画面表现出诗中的情景，望着这样的简笔画，学生们顿时明确了诗中那"一叶舟"和"风波里"等词语的真正的深刻含义，结合诗句中的内容协同美术学科，配以简笔画的勾勒，也为学生的想象活力和对知识的理解提供了丰富、鲜明的感观，有助于学生与作者产生共鸣，进入意境，感悟其情感。

当我以简笔描绘出在波涛汹涌的江面上，那捕鱼的渔民驾驶着那像树叶一般的小舟在狂风恶浪中颠簸、飘摇的图景后，再去讲解"君看一叶舟，出没风波里"时，同学们很快地体会到了捕鱼人生活的艰辛，从诗句中体会到了诗人对劳苦人民的无限同情。

前置的练习，让学生们将诗歌有效整合成"看到的"和"想到的"两个部分，缩减了老师过多的讲解和释疑，从而将时间用于重点诗句"君看一叶舟，出没风波里"的分析，而我通过简笔画，巧妙协同了美术，让学生既理解了诗意，又体会到了诗中的情感。虽说教师并没有花太多动情的语句去描述，而学生却已真切体味到了诗中的意境。我想

这就是有效设计前置练习给课堂带来益处。

教学中，我也发现孩子们的年龄小，在品读方面孩子们并不能抓住重点，而在感悟诗句意境的基础上，引导学生的诵读也是尤为重要的。我想：如果能在前置练习中，添加些语音听诗句的内容，这样会更利于我在古诗的教学中，重点指导学生比较前后两句诗句的不同语气，注意诗句的停顿及节奏，反复吟诵，能更真切地唤起学生的情感体验，让学生充分感悟到诗中的其景、其境。想来，这样能加深学生对古诗的深刻理解，成功地通过感情朗读，感悟到了诗情。

（二）立足"活力"，作业拓展，能力协同

我知道，课外的个性作业设计包含着训练学生不断探索的因素，包含着让学生大胆实践的因素，包含着让学生不断追求未知、新知的因素，更包含着远远超越语文学科的知识。而协同理念，以及前置学习的设计意图，也是为了让学生能在课堂学习中得到有效训练。

因此，我在古诗《江上渔者》的课后，设计了这样一份协同作业，设计旨在让学生能自主设计、选择自己喜欢的作业来拓展学生的能力，激发学生学习、运用语言文字的能力。作业的形式，主要通过"听、说、读、写、画、唱"等多种手段，把音乐、美术、科常、思品等学科，融于其中，让学生选择自己喜欢的、感兴趣的作业来完成。

📖 《江上渔者》描述了一幅渔民辛勤劳作的艰辛画面，喜欢唱歌的你，也请你唱一唱赞美劳动者的歌曲！

📖 你爱读诗歌吗？如果喜欢，那你一定很喜欢诗人所描述的意境，那就请你另选一首诗人的诗并为它配上一幅画。

📖 小才子的你，也可大胆尝试一下给春天或夜景来写一首诗。

二、古诗教学中"前置学习"的实践反思

语文教学要达到高层次和理想化的境界，调动学生的情感，让课堂成为调动学生活力的舞台。记得有位专家曾这样说过："人的大脑有一个最基本的生理机制，那就是兴奋和抑制。"由此，我想到巧妙设计好有活力协同教学，注意调动学生的兴趣参与认

知活动，就会使学生既学得轻松愉快，又取得令人满意的效果。

新课程背景下的有活力的协同教学，是站在学生能力发展和学科知识和谐统一角度来创设教学情境。通过创设符合学生多方面发展需要的，充满趣味、语味、情味和智慧的环境、氛围，使优化的情境与学生的情感、心理、语言和思维发生共鸣，促使学生在现实环境和主体活动的交互作用的统一和谐中获得生动活泼、主动的发展，课堂会因此而充满生命活力。

我想这堂古诗教学课是较为成功的，我相信在今后的教学课如也能这样有效结合各学科的特点，组织教学注意激发学生的学习兴趣，学生在各方面的能力一定会有很大的提高。

（戚钦慧）

智慧 4－4

课程统整理念下探究教学的新探索

一、课程统整，联动探究型学科与基础型学科

课程统整是什么？简单地说，课程统整强调打破学科界限，开拓学习时空，寻找、纳入、整合、建构、创生各类优质的课程资源，将生活与世界作为教科书，实现三类课程的整合贯通。它旨在充分发掘学生的潜能，开启学生的智慧，丰富学生的精神，让每一个学生都能获得成功的体验。于是，我们尝试将探究课与一些基础型学科进行统整，期望能通过这一新尝试，让学生对探究课产生全新的认识和感悟。

再来谈谈探究型课程，探究型课程涉猎范围广而杂，在实际的教学过程中教师常常会感到无从下手。一是切入点难找，不知道从哪个切入点引入才能更符合教材的要求，才能激起学生的兴趣。二是重点、难点不容易抓。细读课程文本，再读探究活动设计案例。活动跳跃性大，课时不足，活动材料包为零，这些都加大了探究教学的难度。

很幸运的是，笔者有幸教授了同一年级的科学和探究课程，通过一个学期的教学，笔者发现课程统整可以为探究教学打开一扇新的窗户。科学课有一定的系统性、规律性和活动材料设计。探究课广而杂，在实际教学中，两门课程有不少交叉的内容，比如，在四年级的上半学期中探究课有一个单元是《放风筝去》，而科学课有一个单元讲到飞行器，其中有一章也说到风筝是最早的飞行器。这是内容重叠的体现。再如，探

究课《蔬菜成长的秘密》中涉及蔬菜的营养、蔬菜的保鲜，这些也都涉及控制变量法等相关的科学知识。所以，课程统整的意义就是发掘课程中相辅相成、相似相容的部分，进一步优化课程内容、课程设置，提高小学课程的有效性、科学性。

对于基础教育而言，课程设置是学生培养的重要环节，多元灵活、科学合理的课程体系是学校实施协同教育模式的关键因素。作为基础教育的起点，学校应该充分发挥学科齐全的优势，构建"基础课程＋拓展型课程＋探究型课程"相互交融的多元课程体系，多学科课程同时同步协同育人，为学生的个性发展和全面发展创造有利条件，从而焕发出课程与课程相互交融的新活力。

二、主题探究，联结概念性知识与经验性知识

在尝试中，我们整合学生在其他学科中所学的知识，并以主题活动的形式，通过让学生互动讨论、动手操作、探索交流等途径，帮助学生运用所学，拓展新知，实践探究，以达到知行统一的学习目标。

以《灯亮了》这一课为例，其主要学习目标是了解干电池的工作原理，并初步尝试连接串联电路让小电珠发亮。我们将探究课与科学课两节课连排，在短短一个小时的时间内整合探究与科学学科知识，让学生活学活用，构建出一个更为完整的知识体系。

（一）探究先行，铺垫概念

教学主要分为两个环节。第一个环节是《灯亮了》探究课。课程形式生动而情趣盎然，由于二年级的孩子年龄还比较小，注意力容易分散。如何调动他们的积极性，让他们兴致盎然地投入到活动中去？探究老师动了脑筋。通过让孩子进行不同种类电池的收集并分类，以这样的形式来认识不同电池的外观，寻找相同处与不同处，然后进一步认识电池的内部结构，让学生初步建立起电池是如何发电的科学概念。

在探究老师的引导下，学生逐一认识每种材料的结构和用处，引发学生探究的好奇心。这一环节非常重要，对学生后面科学课研究的电路思路有重大意义。

（二）科学跟进，形成经验

第二个环节是科学课。科学老师为学生创设了探究的条件（可操作的材料），让学

生可探、易探。同时,根据二年级孩子的认知特点,在如何展现各组"电路图"的方式上作了较大改进。根据学生对电路图认识较抽象而画图花费时间这一情况,科学老师为各小组准备了若干个电池、小电珠的模型让学生在记录表上摆贴,让学生在探究时较容易地"画"出电路图(导线则用水笔画)。我们在活动中发现,学生只有主动参与了,他们的思维才是活跃的。在课堂中,老师把提问的权利还给学生,及时解决学生面临的问题,这一做法不但能够围绕核心概念精简实验材料,也可以节约成本,减轻负担。

(三)反思教学,寻找策略

反思这次教学尝试,点亮小电珠的难点和重点在哪里? 也许不仅仅是点亮,也不仅仅是经历,而是从纷繁复杂的电珠能亮的各种情况中,找到、归纳出或者说形成电路能发亮的共同特征,从而理解简单电路再到理解电工作的原理。本课的核心概念是"要使电流经过导线使小电珠发光,需要有一条完整的路径"。怎样让学生建构这样的科学概念,尤其是针对二年级的孩子? 体验活动很重要。在课堂上,二位老师都给了足够的时间让孩子去体验,去经历,并且引出了导体与绝缘体的概念,也通过实验的方式让学生明白不同成分的水的导电性是不同的。

实际上,探究活动是由几个连续活动侧面组成的活动。观察是一个活动侧面,实验是一个活动侧面,交流是一个活动侧面,研讨是一个活动的侧面,所以它是一个不断深入、不断延续、不断进行下去的活动。它是由一个起始目标引导,由新的发现、新的问题支持而持续发展的活动,它是有可能向不同的方向发展,也可能向同一方向发展的活动。因此,本主题活动的教学策略便是运用不同的活动形式来引导学生思考、动手操作以及自己得出结论。

在教学的过程中,教师通过精心的活动设计激发出孩子对于知识探索的渴望,在动手操作的过程中提升了孩子动手动脑的能力。师生共同探索研究的这个过程,让整个探究活动散发了前所未有的活力与魅力。

三、探究与科学融合的教学反思

探究课的宗旨是"为探究而教",并不一味强求学生探究到了什么科学知识,而是真正"以学生发展为本"。在教学的过程中，我们发现学生的现有知识需要整合，需要协同，需要通过探究型课程进行更好地融合。作为探究教师，需要引导学生积极地在自主、合作、探究的学习过程中，逐步培养创新精神和实践能力，让学生在遇到新问题时，能够不断探究并且整合已有的多个学科知识，利用各种可能的方法，激发思维火花与课堂活力，从而创造性地解决那些没有标准答案的问题。

课程统整，绝不是简单的课程拼凑，也绝不是为了协同而协同。教师可能需要通过不断地实践，不断地进行多门跨学科的教学，才会慢慢学会如何统整，如何协同，这是一个系统而又庞大的工程，但这带来的变化可能是革命性的，会让孩子的思维不仅仅局限于一个个独立的学科之中，会让孩子有一个跨学科的思维，会让孩子拥有解决无限问题的可能。

那么，探究课与科学课融合的价值在哪里？是训练技能还是培养思维，开发智慧？答案显而易见。随着对科学探究研究的深入，我们越来越多地认识到：真正的探究发生在孩子的头脑中，着力培养孩子的科学思维力，提升孩子的智慧，才是我们课堂的重心。

韩愈的《师说》中曾提及：故弟子不必不如师，师不必贤于弟子，闻道有先后，术业有专攻。这对于我们现今的课程设置与统整同样有参考价值，教师可能只是在某个学科的某个方面比学生知道的更多，学生综合整合知识的能力正在不断地超越他们的老师。现今，学科与学科间彼此融合，学生有了更多获取知识的渠道与更多解决问题的途径，再加上师生思维不断地碰撞，课程内容不停地交错，未来的课堂、未来的课程设置必将迎来新的活力与未来。

（邵梅虹）

智慧 4-5

让课堂"活起来"

一、学有所得的"活力课堂"

"活力课堂"并不是教师施展才华、体现个人价值的舞台，也不是充满各种活动看似热热闹闹的课堂场面。叶澜教授指出，一节充满生命活力的课具有四个特点：有意义、有效率、有生成、有缺憾。

如今我们的协同学习小组在教学策略的辅助下更加完善了，也让协同小组的学习更有目的性、任务性、挑战性，让我们的课堂更有活力。在数学学科中，不同的教学内容我们也可以采取不同的教学策略，比如在建立量感、长度单位的认识、升与毫升等这些内容的学习时，我们就可以运用前置学习策略，充分了解学生的前期知识，真正做到以学生为本，将课堂的重点放在学生的薄弱环节。再如《计算比赛场次》这节课，我们可以利用前置学习策略，让学生课前先观看视频自主学习，通过课前的练习老师了解学生的掌握情况，最终将课堂内容主要放在知识的巩固与拓展上。

实践表明，不同教学策略在课堂中的运用，不但提升了课堂的活力，有助于帮助学生主动参与，智力投入，亲身经历，而且能够获得对数学的事实和经验的理性认识和情感体验。不同的教学策略充分发挥了学生的主体作用，让学生置身于一定的情境之中,在学习任务的驱动下调动学生各种感官去分析任务、解决任务、反思任务,让学生在实践、合作中学会数学知识。

学生在课堂教学中学到了知识,提高了能力,陶冶了情感,这就是学有所得的活力课堂。

二、学有所乐的"活力课堂"

学生在学习的过程中产生了积极的、愉悦的情感体验,这就是学有所乐的活力课堂。我以五年级第二学期中几何小实践单元内的《表面积的变化》一课为例,通过任务驱动学习策略,结合学生协同小组之间的合作学习,将复杂的问题简单化,学生在动手操作、小组讨论中快乐学习,达到了事半功倍的效果。

（一）情景引入

1. 创设情境（前置学习策略）

师：你们在超市里观察了物体的包装盒,有些什么发现？ 今天,老师也带了几样包装盒。（出示：三盒装的面巾纸）

2. 揭示课题

师：三盒面巾纸除了这样包装外,还可以怎样包装呢？

商家为什么要这样包装呢？ 今天我们就来研究包装中的数学问题。

（揭题：表面积的变化）

（二）探究活动（任务驱动学习策略）

活动一：

后天就是小丁丁的生日了,小胖买了两盒巧克力想送给小丁丁,送之前,小胖想买一些包装纸把两盒巧克力包成一包,可能有几种不同的包装方法？（接缝处忽略不计）

1. 利用磁带盒拼一拼,并记录方案。（也可画草图或用语言描述。）

2. 交流,三种方案:

小面重叠　　　　　　　　大面重叠　　　　　　中面重叠

3. 师：你会向小胖推荐这三种方案中的哪一种？说说你的理由。（协同学生生活实际，培养节能意识。）

4. 算一算：三种方案分别需要多少包装纸，方案二是否最节省呢？

5. 与两包巧克力单独包装所用的包装纸的总和比较，结果怎样？

6. 从这个角度出发，三种方案所需包装纸还可以怎样计算呢？

归纳：重叠面越大，表面积减少得越多。

活动二：

1. 合作探究

师：我们共同研究了两盒磁带的包装，如果是相同的四盒包装成一包，它们有多少种包装方案呢？请同桌两位同学一起研究。

2. 活动建议

师：两人合作研究包装方案，对每种方案进行简单介绍，想一想怎样汇报才能做到不重复、不遗漏，选出最省包装纸的方案并说明理由。

3. 小组活动四盒可能的包装方案

4. 交流反馈

（1）规律

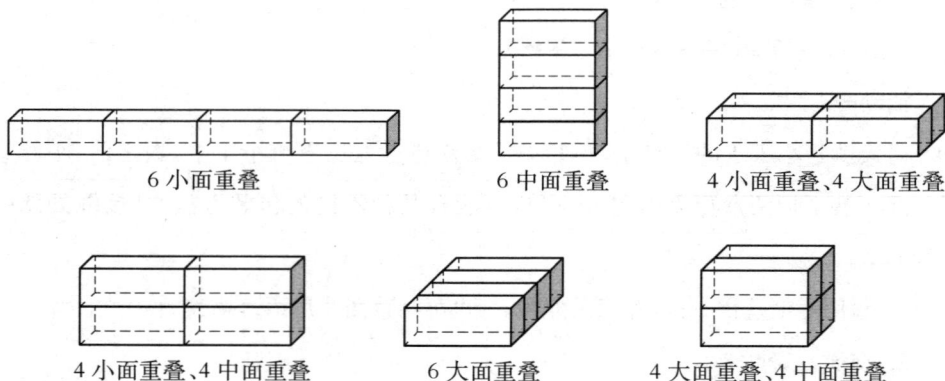

6 小面重叠　　　　　　　6 中面重叠　　　　　4 小面重叠、4 大面重叠

4 小面重叠、4 中面重叠　　　6 大面重叠　　　　4 大面重叠、4 中面重叠

（2）最省包装纸方案

师：对前三种方案你认为最佳的是……，后三种方案呢？

重叠六个大面与重叠 4 个大面、4 个中面比，哪个更省包装纸呢？你们是怎样得出结论的？

（三）拓展探究

把三盒巧克力包成一包。

比一比：下面两种方案哪种方法包装纸最省？（接缝处忽略不计）

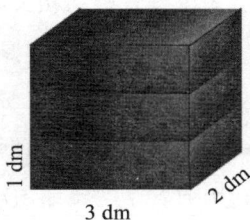

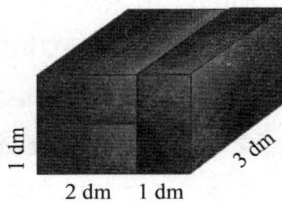

（四）课堂总结

师：通过今天的学习，你有哪些收获？

评价单

评价维度		评 价 内 容	评价方式	
学习兴趣	探究兴趣	对解决问题有充足信心，能主动思考，积极作答。	（　）	自评
		对于问题的探究缺乏信心，阅读马虎，草草答题。	（　）	
		放弃探究思考问题，不作答。	（　）	
学习习惯	合作习惯	能参加小组活动，倾听他人的想法，并大胆提出自己想法。	（　）	小组评
		对于小组活动兴趣不大，但能参与小组活动。	（　）	
		无法参加小组活动，不能理解小组成员想法。	（　）	
学业成果	概念理解	能准确找到多种多个相同长方形叠放的策略并求出表面积。	（　）	自评
		只能找到一至两种多个相同长方形叠放的策略并求出表面积。	（　）	
		不能找到多个相同长方形叠放的任何策略。	（　）	
	方法运用	能找到多个相同的长方体叠放的方法以及使其表面积最小的最优策略。	（　）	师评

请根据课堂中的活动—学习进行评价,如符合则在(　　　)内打"√"。

三、学有所求的"活力课堂"

学生在充满活力的课堂中不断被激发出进一步学习的强烈需求,而且越来越主动地投入到学习中去,这就是学有所求的活力课堂。

(一)创设情境,明确任务,让学生的心活起来

《数学课程标准》指出:"要创设与学生生活环境、知识背景密切相关的,又是学生感兴趣的学习情境。"生活情境是知识经验建构的最可靠的生长基地,它是知识经验得以产生并保持其生命活力和价值的根本条件。兴趣和动机密不可分。学习兴趣是学习动机的一个重要心理成分,它是推动学生探求知识和获得能力的一种强烈的欲望。因此我在导入环节充分重视并精心设计教学情境,利用前置学习策略,让学生课前先去超市观察餐巾纸的包装,寻找包装的不同方式,让学生真正从内心产生强烈的"探索知识"的欲望,以积极探索问题、要求解决问题的心态来驱动学生的学习欲望并自始至终维持浓厚的兴趣。通过前置学习策略创设的问题情境,把所要学习的内容巧妙地隐含在接下去的一个个任务主题中,让学生在情境中明确本节数学课堂教学的任务。

(二)教师点拨,分析驱动,让学生的脑活起来

每个学习者都有自己的经验世界,不同的学习者可以对某种问题形成不同的认识。课堂中主要运用了任务驱动教学策略,在提出任务之后,我不急于讲解,而是根据任务的难易程度,让学生进行尝试练习,采取灵活多样的方法分析任务。由于不同的家庭环境和个人爱好,学生的水平参差不齐,我们当然不能"一视同仁"。针对这一问题,不同层次的学生清楚各自的学习任务,成立协同学习小组。让学生分组合作共同讨论分析任务,活跃学生的思维,探讨学习新知。

学生的年龄特征和知识水平,决定了课堂生成难免存在一定的偏颇、缺陷乃至失误,这时就需要教师适度发挥主导作用,给予学生有效的价值引导和点拨。对于学生生成的富有创意但陈述不清的信息资源,我用简要概括、重点强调等方式让全班学生清晰地感受这一生成性资源的优势所在;对于学生生成的单一的信息资源,我也通过

追问补充的方式让思考"向青草更青处漫溯"；对于学生生成的偏离方向且存在错误的信息资源，我则通过争论辨错、反思纠错等方式引领学生回归符合学习要求和道德倾向的正确轨道上来，让学生在教师的点拨下通过尝试来体会、理解操作方法。

（三）师生互动，解决任务，让学生的手活起来

在课堂教学过程中，我为学生提供一定的支持、帮助和引导，组织学生交流、讨论、合作，但这都不应妨碍学生的独立思考，而应配合、促进他们的探索过程。要进行有效的学习，探究活动是必不可少的。所以任务探究由 4 个至多个相同长方体组合成新长方体时，学生对方法多样化与策略最优化的解决可能存在问题。通过操作，多数学生可得到由 4 个相同长方体组合成新长方体时的六种拼摆方法，但思维无序，对方法的归纳和总结存在困难，因此以小组合作的活动方式进行研究，同伴之间相互补充，共同归纳总结，有助于培养学生思维的有序性。探究中学生充分调动自己的智慧和创造性，综合运用原有的知识经验，从而做出合理的推论，分析、解释当前的问题，形成自己的假设和解决方案，而在此过程中，学生便可以建构起与此相应的知识经验。在此基础上，教师可以再进行提炼和概括，使学生所建构的知识更明确、更系统。所以我在设计任务的同时应该给学生留有思考的空间、分析的空间、探索的空间、交流的空间、拓展的空间等。任务要富有挑战性，要能提供想象创意的空间，要能激发好奇心，要具有一种内在的激励因素，能推动学生主动学习。

（四）多元评价，反思任务，让学生的情活起来

学生的个人潜能之间不但存在着质与量上的差异，而且在潜力发挥的程度上不一样。如果多抛几把尺子，多给孩子成功的机会，这个孩子可能在某一把尺子上排在前面，就会努力朝前走，可能在某一方面取得很大的成就。每一堂教学活动中，都要对学生能力进行客观评价，培养他们分析问题、解决问题的能力，鼓励学生的创新精神。这样既有利于学生的个性发展，同时促使学生在完成"任务"的过程中潜移默化地提高信息处理的水平和能力。在寻找包装纸最节约这个问题上，我及时肯定并加以激励。在评价时，充分发挥评价的激励作用，保护学生的自尊心和自信心，让学生在评价中享受到成功的快乐。

教学策略的运用让课堂教学蕴含着巨大的生命活力，在课堂教学中，只有师生充

满活力的表现得到有效发挥,才能有助于学生的培养和教师的成长,活力课堂才能真正成为师生共同发展的"主阵地"。

（万珣芳）

智慧 4 - 6 ────────────────────────────────

让协同教学充满活力

什么是充满活力的协同教学？歌德曾经说过："流水在碰到抵触的地方，才把它的活力解放。"那么有思维碰撞的课堂，才是学生活力得到解放的地方，而这样的教学才是有活力的教学。作为一名数学教师，我的理解是：经过小学阶段的数学学习，通过课程资源的整合以及充满活力的协同教学，我们的学生在短短的 35 分钟中所习得的将不仅仅是数学知识，而是数学学科素养，以及更多的数学思维能力、综合运用能力。

一、《编码》协同教学的背景与设计

（一）案例背景

《编码》是在二期课改下首次出现在数学教材中的新教学内容。教材中所涉及的编码主要是学生生活中比较熟悉的邮政编码和身份证号码。这些编码都是由一个个数字组成，其中的每一个或每一组数字都表达着某种含义，传递着某些信息。而这一点恰恰能与科学与技术教材中所包含的《信息传递》这一教学内容相协同。因为《信息传递》这一内容中也有有关邮政编码的知识。其内容具体体现在课本的第 44 页——给父母写封信，了解邮政系统的工作流程。因此，科学与技术的《信息的传递》与数学的《编码》一直是五年级第一学期协同指南中的经典组合。

以往的设计：数学教研组曾经以此为主题开展过协同教学设计，当时老师普遍有两种设计方案：方案一，先上科学与技术课为数学学科提供课程资源——数字也能传递信息，然后数学教师再对身份证号码18位所传递的信息开展教学。方案二，先上数学课对身份证号码18位所传递的信息开展教学，再上科学与技术课，因为身份证号码仅仅是信息传递中的一小部分。

现在的设计：我依然延续科学与技术学科先上，数学课后上的顺序，但是在课的设计上我融入了协同教学第三期的研究主线——教学策略的研究。

以科学课为例，设计了前置学习单，让学生通过上网搜寻，自己发现身份证18位的编码规律，科学课的最后一个环节既是前置学习的一个反馈，又是数学课的铺垫，这样的设计让两个学科的协同更加紧密。

而数学学科的教学则利用了任务驱动策略引导学生深层次的探究编码设置的规律，培养学生数学应用意识以及解决问题的数学能力的数学素养。

（二）案例设计

1. 迁移引入：利用科学课程资源，让练习活起来

（1）前测检查，学以致用

师：刚才大家上了一节科学课，在课上已经知道了身份证号码也是一种信息的传递。那么在上数学课之前，让我来看看你们对于身份证号码的编写都有了哪些认识？

小胖在课前收集了一些身份证号码，分别是上海的爷爷、奶奶、妈妈和北京的舅舅四个人的身份证号码，你们能区分吗？（连线）

爷爷　　奶奶　　妈妈　　北京的舅舅

① 31010719701128XX65　　② 31010719390427XX36

③ 11010519650910XX79　　④ 31010719450712XX84

（2）汇报核对，指导方法

教师可通过问答法来核对同学们的答案，如：谁来说说你最先判定的是谁的身份证？（舅舅）你第二个判定的是谁的身份证？（妈妈或者爷爷）你又是怎么知道的？还剩最后的2个身份证号码，你如何判定的？

设计意图：这一组前测核对的重点并不仅仅是看学生是否会做，而是在于方法的指导。通过3个问题，层层递进地引导学生通过行政区划代码、出生日期码、性别码的

区别来分析相关信息。

2. 探究奥秘：探索数字编码规律，让规则活起来

（1）信息筛选

师：身份证号码可以传递的信息有常住户口所在地、生日、性别等个人信息，除此之外，你觉得个人信息还有哪些？那为什么在编制身份证号码时，这些信息不编在其中呢？

归纳：身份证的信息不能变化，这样编制出来的号码才具有科学性、唯一性和便捷性。

（2）对比揭秘

首先，揭秘出生日期码8位设置。

师：其实我们现在使用的身份证是二代身份证，你们知道一代身份证与二代身份证的区别吗？

出示：小胖妈妈的二代身份证 31010719701128XX65

一代身份证 310107701128XX6

观察：一代身份证号码与二代身份证号码的最大区别在哪里？

思考：出生日期码中的年份为什么要设置成4位？

出生日期码中的月份、日期各设置2位够吗？为什么？

其次，揭秘行政区划代码6位设置。

师：身份证上前六位是行政区划代码，这6个数字代表了省、市、区，下面请同学们根据我所提供的信息，你们是否可以知道省、市、区各需要几位代码？为什么？

相关信息：我国一共有34个省级行政区；在中国，广东省的地级市数量最多，有21个；江苏省南京市鼓楼区，这个区的代码是06。

设计意图：通过这两个环节的设计，让学生通过观察对比发现，任何的编码都有自己的编制规则，不同的物品、不同事物上的各种编码是有规律排列的，不同的组合有不同的含义，有各自不同的编码规律、特点和作用。

二、《编码》协同教学的实践反思

再次执教五年级，再次以《编码》为主题上协同课，只是随着这几年对协同教学更深层次的研究，随着数学教学观念的改变，随着之前与区科研室邵教授之间的探讨，我的协同理念发生了变化，协同教学必须是充满活力的，必须让学生的学科素养得到提升，必须激发起学生思维火花的碰撞。重新审视原来的设计，我觉得似乎协同点过于单薄，协同教学对于学生高思维能力的提升帮助不大。以数学学科为例，教会了学生知道身份证 18 位号码的组成以及所传递的信息之后，对于学生的数学思维又有什么帮助呢？这样的协同教学缺乏活力，缺乏灵动。

现在一直说数学教学应该体现数学学科的核心素养，用南开大学顾沛教授的话说："数学素养"就是把所学的数学知识都排出或忘掉后剩下的东西。为此，如何用数学的方式去思考问题、如何用数学的方法解决问题，或许才是这节数学课需要解决的核心问题，或许这也是充满活力的协同教学真正的意义价值所在。

（关旭峰）

智慧 4-7 ————————————————————————

情境教学缔造活力课堂

　　课堂教学是学校教育实现素质教育的主渠道,快乐有效充满活力的课堂教学过程是教师和学生相互作用双向交流的过程。怎样才能有快乐充满活力的课堂教学？怎样才能让学生成为课堂的小主人？这就需要教师将教学内容通过各种教学手段、方法,激发起学生的主动精神,教学内容才会真正内化为学生的知识并外化为学生的能力和觉悟。德国教育家第斯多惠说"教学的艺术不在于传授的本领,而在于激励、唤醒、鼓舞"。一个好的英语教师,要上好一堂英语课,应该要有鼓励学生学习的激励技巧和方法,而激励作为调动学生学习积极性的艺术,它的方法是多样的,协同教学中的前置任务策略与任务导向策略就是其中的方法之一。

一、案例分析

　　WTE 1A Chapter 5 "We can do it!"这一课的核心内容就是让学生知晓体育运动类词汇,让学生在做中学是很好的激励他们主动学习的方法。因此笔者在课堂设计的时候,将英语与体育课程作了整合,设计了前置课堂活动与任务型课堂活动。本文就以 WTE 1A Chapter 5 "We can do it!"为案例,讲述了整合式统整(多科协同)：英语与体育的协同。

　　本课时的话题为"Everyone is super!"

（一）课前准备：选取了 6 个核心词汇中的 3 个运动类词汇以及 1 个拓展词汇，结合词组与句型整合了教材，设计了这样的故事情境：星际宝贝史迪奇收到了地球朋友们的邀请，参加他们的"Fun Day"同乐日活动。

语言目标：让学生能够知晓核心词汇，拓展词组与核心句型的音形义，能正确朗读、理解并在语境中运用它们，学会用英语表达自己的能力以及询问他人的能力。

（二）教学目的：帮助英语起始阶段的孩子推进学习，让英语课堂充满活力，让孩子们积极主动参与到课堂活动中来。

（三）教学设计：分层训练和多样的教学活动。两个教学活动分别是 Warming-up 与体育游戏相结合，While-task 与真实的体育运动相结合，旨在让孩子们基于自身的体育学习经验，在玩中学英语，自然习得语言。

（四）前置学习任务：请学生在父母的帮助下，上网搜索各种踢足球的姿势与方法，学会一种，为本课时的协同学习做好铺垫。

（五）教学过程：在前置任务的铺垫下，在老师的引导下，活力四射的英语课堂开始了。课堂中，教师运用协同课程资源，运用任务导向策略，让学生在自主探究中学习，在玩中学，学中玩。

1. 在课前热身时，将体育课的击鼓传花游戏融入于小学英语情境教学中。笔者在设计本课时的热身活动时，借鉴了体育课中的击鼓传花游戏：教师播放英文歌曲，将花传给一个同学，该同学传给另外同学，当音乐停止时，停止传花，花落谁手，谁就快速应答老师给出的英语问题。小朋友天生喜爱玩游戏，该课堂活动给学生的任务就是击鼓传花，但是在这样的任务中学生既复习了英语旧知，又在不知不觉中快速地进入英语学习状态。

2. 在新课呈现时，将体育课中常用的踢足球运动融入于小学英语情境教学中。笔者在教授 play football 这一词组时，借鉴了体育课的踢足球运动。笔者运用了实物教学，带着足球进入课堂，首先让孩子们直观地认识了 What is a football，真实的教具更容易吸引学生的注意力，小朋友们看到了足球就已经跃跃欲试了。接着笔者设计了邀请小朋友们到讲台前，边念儿歌"Play，play，I can play. I can play football. Yeah!"，边请他们做出各种踢足球时候的姿势或动作。这样的活动既让他们得到了身体上的锻炼，也让学生在真实自然贴近生活的语境中能自然习得语言，更增加了英语课堂的趣味性。学生运用了前置学习任务中获得的知识，用各种方法踢足球。此刻的学生深刻体验了在玩中学，在学中玩。他们体会到了：原来学习英语这么有趣。课堂氛围达到了高潮，孩子们都积极主动，活力四射。

3. 将体育课中的跳绳游戏融入小学英语情境教学中。笔者在教授 skip rope 这一词组时，也运用了真实的教具：绳子。笔者请小朋友们握着绳子学习 rope 这一词汇，机械的朗读瞬间变得有趣。再接着学习 skip rope 这一词组时，笔者邀请小朋友到讲台前，边唱歌曲"Skip my rope"边跳绳。这一课堂活动任务融合了小朋友们最喜欢的跳绳运动，看似是在跳绳，实际上调动了他们的学习兴趣，课堂氛围极好，学起英文来也就事半功倍。不光是孩子们，作为老师，心中也在感叹，原来有效地利用协同资源可以让课堂如此丰富有趣，充满活力与快乐。

二、案例反思

从案例中可以看出，两个看似风马牛不相及的学科，在老师的有效整合之后，擦出了活力四射的火花。将体育融入小学英语情境教学中，让学生在任务导向策略中学习有着以下的意义。

（一）能够让学生快速地理解新语言

将体育课中的一些活动或者游戏融入于我们小学英语情境教学中，好比是一个真实的情境，学生能够将自己置身于这个情境中，而且很快就能理解新语言。

（二）能够让学生真正地运用新语言

将体育课中的一些好的游戏和活动融入于我们的小学英语情境教学中，它们都是孩子们熟悉的活动，好比是孩子语言交流的场所，能够打开孩子到话匣子，让他们有意识或无意识地开口说英语，达到真正运用语言的目的。

（三）能够最大限度地发挥学生学习的主动性

将体育课中的这些有趣的游戏与活动融入于我们的小学英语情境教学中，使课堂任务变得生动有趣，学生学得兴趣盎然，兴致勃勃，主观上表现更主动、更活泼，能够很积极、大方地用英语进行交流，最大限度地发挥他们学习英语的主动性，增强他们的合作能力。

（何佳彧）

智慧 4 - 8

开展有效探究，营造活力课堂

协同教学是一种教师合作的教学组织形式，由不同专长的教师组成教学团队，通过小组讨论、个别指导等方式来完成某一单元或某一领域的教学活动。[①] 学校第八期规划提出了"GREEN 协同教学"的目标，"GREEN"即满意、和谐、努力、活力和规范。《小学科学课程标准》指出："小学科学课程倡导以探究式学习为主的多样化学习方式，促进学生主动探究。"探究活动是学生学习科学的重要方式，开展有效的探究活动，营造充满活力的科学课堂，与协同教学"活力"目标不谋而合。

一、"活力"目标的内涵

（一）关注解决生活问题的协同主题

小学科学是一门综合性课程，强调与并行开设的小学语文、数学相互渗透。协同教学以多科协同作为统整课程的方式之一，与小学科学的综合性课程性质相契合。小学生对于周围世界充满着好奇心与求知欲。教师从解决生活中的实际问题出发，寻找协同主题，能够激发学生的学习兴趣，有助于营造充满趣味与活力的课堂。

[①] 陈珏玉. 课程统整理念下的协同教学研究[J]. 全球教育展望,2007(9)：89—91.

（二）设计以探究为主的教学活动

小学科学是一门实践性课程,探究式学习是这门课程的重要学习方式。探究式学习改变了以往由教师占主导地位的教学模式,突出了学生的主体地位。学生通过主动参与、动手动脑、积极体验,经历科学探究的过程,进而获取科学知识。因此,教师需要设计一系列以探究为主、具有"活力"的教学活动,引导学生主动参与到活动中来,在"做做、想想、玩玩、讲讲"中,获取科学知识,体验到学习的乐趣。

（三）开展协同小组学习式的课堂教学

科学课的课型既有理论讲授课型,又有动手制作的实验课型,协同合作小组学习是科学课常见的学习形式。在课堂上,学生以小组为单位开展讨论、实验,完成各个教学活动。在这个过程中,小组成员间既有分工,又有合作,学生的交流、表达、合作能力得到锻炼。同时,为保证协同小组学习的质量,教师要在活动开始前,明确活动的目标与要求,在活动开展过程中,加强巡视与指导,使学生能够按照要求开展各教学活动。协同合作小组学习的形式有助于使课堂迸发活力。

（四）实施伴随课堂的评价

让评价伴随课堂,以评价促进教学,将评价落到实处,已经成为越来越多教师的共识。小学科学评价涵盖了学习习惯、科学知识、实验操作、小组合作等多方面内容。在评价设计上,融入协同小组分工、参与、合作的内容能够有效地引导学生开展协同小组学习。同时,教师运用风趣幽默的评价语言,及时对学生的表现进行评价,促进学生养成科学习惯,这也是活力课堂的重要保障。

二、协同教学,活力课堂

（一）依据指南,开展协同

《信息传递》是科学与技术第九册第七单元《信息传递》第四课时的教学内容。本单元的内容与学生生活紧密联系,教学内容依次为:信息作用、信息储存、信息传递、广告。通过前几节课的学习,学生了解了信息作用,知道了信息的表现形式和储存方式。本节课是在此基础上,通过讨论、游戏等活动,了解动物的信息传递方式,知道人与人信息传递的一些特殊方法,如表情、动作、密码等。根据《协同教学指南》,本节课与数学学科《整理与提高》进行协同,协同点在于:密码是人与人之间特殊的信息传递方式,通过认识摩斯密码,探究密码的编码规律,引出对于身份证编码规律的探究。协同目标在于:运用前置学习策略,对个人信息、身份证编码规律开展调查,为科学课和数学课提供共同的课程资源。

(二)根据目标,调整设计

根据教材,本节课原设计有四个教学活动,分别为:1.了解古代的信息传递方式。2.了解现代信息传递方式。3.体验表情、手势、体态传递信息的过程。4.了解动物间的信息传递方式。由于协同点在于"密码是人与人之间特殊的信息传递方式",因此,教师对于教学活动顺序进行了调整:将活动3与活动4的位置进行了交换,以适应协同教学的要求。根据教学目标,将重点放在人与人之间特殊的信息传递方式上。

(三)情境引入,任务驱动

为了更自然地引入教学,在引入环节,教师以一个冒着热气的碗作为引子,让学生思考这一现象所传达的信息,从而引入信息传递的概念,体会信息传递无处不在、方式多种多样,进而揭示学习主题。在"体验表情、手势、体态传递信息的过程"活动中,教师运用任务驱动策略,设计了以下游戏环节:你做我猜、小小破译家、身份证揭秘。从解决一个问题出发,引导学生在完成任务过程中,培养信息收集、分析、处理的能力。

例如,"你做我猜"是学生熟悉的一个小游戏,教师事先设计了"闻鸡起舞"、"猴子捞月"、"七上八下"等成语,让学生上台来表演,其他学生来猜。在这个过程中,学生反应热烈,通过完成一个个猜谜任务,学生在游戏中体会了信息传递的方式不限于语言、文字,还包括了动作、体态、表情。而在"小小破译家"环节,教师事先设计了26个字母与数字的编码表,以小组为单位,开展破译比赛,通过完成解密、设密的任务,让学生体验了密码这一特殊传递方式的神奇。同时,对编码规则有了初步的印象与了解,为下一步探究身份证的编码规则奠定了基础。

(四)前置学习,小结升华

教师在课前布置了学生以协同小组形式对身份证编码规律进行调查的任务。在调查过程中,学生通过上网查阅、翻阅书籍等方式,搜集了身份证编码规则的信息,并将其进行了汇总。在本节课的最后部分,学生以协同小组为单位交流了课前调查的身份证编码规律。教师根据学生交流的内容,小结了身份证的编码规律,完成了与数学学科的协同。

三、反思与改进

(一)前置学习,蕴含活力

在课前,学生在收集身份证编码规则资料的过程中,培养了收集信息、分析信息的能力。学生通过自己的努力,找到了问题的答案,学习到了知识,自学能力得到了锻炼。在小组交流环节,学生乐于交流、展现自己小组的调查结果,将知识与其他同学分享,收获成功的喜悦。前置学习策略突出了学生的主体地位,引导学生在探究中主动获取知识,激发了学习积极性、主动性。

(二)任务驱动,激发活力

运用任务驱动策略设计游戏环节,使教学符合小学生爱"玩"的天性,寓教于乐,提升了课堂的趣味性,改变了枯燥的知识传授。学生从"做中学",体验表情、体态、手势这些特殊的信息传递方式,在破译密码过程中,既掌握了知识,又提高了学习兴趣。

(三)评价反馈,保障活力

本节课设置了学习评价单,主要包括前置学习任务完成、破译密码、小组成员参与几方面,基本涵盖了教学内容、协同合作。在实际使用中,评价单对于引导学生完成前置学习、主动投入到教学活动中来起到一定效果。如果能够穿插学生适时交流、点评评价单的环节,会更有利于把评价落到实处。此外,教师在使用评价性语言对于小组表现进行及时评价方面还有完善的余地。

(魏　雯)

智慧 4 - 9

让协同教学成为品社课的活水之源

教育是生活的需要，其源于生活又以生活为归宿。陶行知先生说："生活即教育，社会即学校，没有生活做中心的教育是死教育。"《品德与社会》作为一门综合课程，它把学生的品德教育与学生的个人生活、社会生活和学生的发展结合在一起。学生的品德形成基于他们对生活的体验、感悟和认识。

一、生活进课堂

构建生活化的课堂，让品社学科在生活化情境中彰显其活力和生命力，是这门课程的魅力所在。品社课教学如果脱离生活，那将是枯燥、呆板、空洞的。教学根本途径就在于如何走进学生的心灵，知道学生究竟在想些什么，怎样教他们，他们才会明白这些道理，并且乐于做。说说容易，真正地要使道理深入孩子的心，并非易事，要靠教师动脑筋想办法，"润物细无声"，运用协同策略，使教学水到渠成。

小学生喜欢丰富多彩的事物，品德与社会课程中的很多知识都是现实生活的真实写照，在课堂中利用图像、音频、视频等资料呈现品德与社会知识，能最大限度地调动学生的视听说等多感官的活动，更能激发小学生参与教学活动的欲望，将课堂与生活真正联系起来。小学生天性活泼好动，比起坐在课堂中接受知识，他们更喜欢在活动中主动探索，因此在小学品德与社会课程中利用实践活动创设教学情境，准确分析学生思维的"结点"，相机诱导、顺势点拨，这样的教学效果会更显著，这样的品社课堂会始终充满活力。

二、实践出真知

《实施垃圾分类》是科教版《小学品德与社会》三年级上册第四单元《为垃圾寻找出路》中第二课《垃圾的去向》的第二课时。本课的重点是让学生了解垃圾分类与回收的方法，愿意为垃圾分类投放贡献自己的一份力。

《小学探究型课程》四年级下册第二单元有一个《关注身边的垃圾》的教学内容，可以将探究课与品社课整合，协同教学。通过侦察家庭垃圾的教学，学生能够理解如何制造出家庭垃圾，探究家庭垃圾的大致分类，然后学习如何为垃圾分类作贡献。三年级的学生已初步有了"环保"的概念，但还没有主动参与的意识和兴趣，因此很有必要在本课的教学中，帮助学生分析原因、探究方法、指导行为，引导学生自觉做好垃圾分类工作。

教学策略： 为了帮助学生正确投放，我让学生动手做小实验：探究餐巾纸、塑料袋及废纸的可溶性。在理解可回收垃圾时，我创设情境，让学生算一算废旧练习本可创造出再生纸的价值，从而认识到回收的重要性，同时减少垃圾的产生。平时不穿、不用的物品可投放在废旧衣物的回收箱内，物尽其用，既环保也奉献爱心。教学中，我运用任务导向策略，通过协同小组合作学习的反馈，师生发现问题，再共同解决问题，使学生学会日常生活中垃圾分类、投放与回收的简单方法。让学生意识到进行垃圾分类，不仅可以减少垃圾量，减少污染，还可以实现垃圾资源化。

（一）探究方法，了解垃圾分类

1. 出示四种垃圾桶图片，知道这四种垃圾桶可分别投放哪些垃圾。

2. 探究学习垃圾分类的方法（小组合作学习）。

厨余垃圾：是指易腐性的菜叶、食物残渣等有机废弃物。如：剩菜、剩饭等。

有害垃圾：是指对人体健康或者自然环境造成直接或潜在危害的，且应当专门处置的废弃物。如：废电池、过期药物等。

可回收垃圾：是指适宜回收循环使用和资源利用的废塑料、废纸等废弃物。如：玻璃瓶、牛奶盒等。

其他垃圾：收集除以上以外的一些垃圾，如塑料袋、灰土等。

3. 将下列垃圾进行合理分类。

废电池	旧轮胎	过期药品	废塑料袋	餐巾纸
旧衣服	玻璃瓶	金属厨具	鱼骨头	果皮
旧陶瓷杯	废弃油漆桶	旧报纸	菜叶	废灯泡
烟头	易拉罐	口香糖	温度计	旧书包

4. 反馈交流。

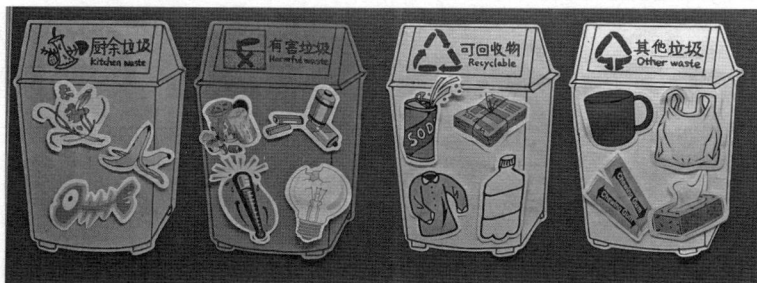

① 厨余垃圾桶：鱼骨头、果皮和菜叶。

师：什么是厨余垃圾？如何处理这些厨余垃圾？

相关信息：厨余垃圾的回收方向

a. 饲料化，一部分熟厨余给动物当作饲料，比如喂猪。

b. 肥料化，还有一部分生厨余做成有机堆肥。

c. 能源化，厌氧发酵做沼气能源的回收。剩下来的厨余垃圾大多遭焚化，少数被填埋。

思考：口香糖放在厨余垃圾桶内，你同意吗？

② 有害垃圾桶：废电池、废弃油漆桶、温度计和废灯泡。

师：为什么要将这些垃圾投放在有害垃圾桶内？

出示：播放电池危害大的视频。

思考：生活中有哪些地方可以投放电池呢？

③ 可回收物垃圾桶：旧衣服、易拉罐、报纸和塑料瓶。

师：可回收物能回收再利用，那你们知道它们还可以换钱吗？

思考：一个班用完的1叠废旧练习本约重1公斤，送去废品回收站，可以换1元钱呢！那一个班一学期用完10叠废旧练习本能换多少钱？

那一年全校学生用完10叠废旧练习本又能换多少钱？

这些废纸不但能换钱，而且还能创造出更高的价值！

1公斤的废纸可创造0.8公斤的再生纸。10公斤呢？1 000公斤呢？

④ 其他垃圾桶：餐巾纸、口香糖、废塑料袋和旧陶瓷杯。

师：有的小组将餐巾纸和废塑料袋都扔进可回收物垃圾桶内，你们觉得对吗？

实验：现在我们来做个实验，把餐巾纸浸泡在水中，看看有什么变化？

思考：塑料瓶和塑料袋都是塑料制品，为什么塑料瓶可以回收，而塑料袋不可以？

（二）联系实际，推进垃圾分类

1. 了解北京、广州、台北等城市为提高公民的垃圾分类意识采取的措施。

2. 了解我们居住的上海市乃至虹口区的"绿色账户行动"。

思考：广州和上海对于实施垃圾分类的措施，你们觉得罚款和积分兑换哪个更有效？

3. 对学校及小区的垃圾分类提出合理建议。

减少垃圾，科学地处理垃圾是世界各国都在努力解决的重要课题。为了让学生明白垃圾分类的重要性，教学中，我先让学生了解北京、广州、台北等城市为提高公民的垃圾分类意识采取的措施，再回到我们居住的上海市乃至虹口区的"绿色账户行动"，最后回归学生生活，让学生对校园及小区里现有的垃圾处理方式提提建议。通过集思广益，学生们做些力所能及的事情，从而把垃圾分类落到实处。

三、温故而知新

品社课中进行小组合作学习会出现一些问题是正常的。问题的关键是怎样通过

理论学习和教学研究去解决这些问题,使小组合作学习发挥应有的作用。主要表现在几方面:

（一）教师需要更新教育理念

在小组合作学习中应该运用新的教学方法和学习方式的地方,如果还沿用传统的方法和方式进行教学,一堂课下来基本上仍是教师牵着学生走,没有体现学生的主体性、探究学习和算法多样化等新理念,小组合作学习只是形式。

（二）学生需要调整学习模式

合作学习前,要让学生先自己独立思考问题,在每个学生有了想法后再进行交流,一起解决问题。这样教学,给学习能力欠缺的学生提供了机会,帮助他们提高学习能力。教师在教学中要有意识地逐步培养学生的合作互助能力。小组合作学习除了让学生掌握知识、培养合作能力外,还要培养学生的探究能力、良好的情感态度和价值观等。因此,在小组合作学习中,教师要引导小组成员建立起平等、互助的关系,使大家对小组的学习任务产生责任感,保证小组合作学习不流于形式。

（三）制定明确的目标可以获得事半功倍的效果

在教学过程中我采用任务导向策略和协同学习小组策略,即通过任务的设定与实施,以协同学习小组为单位,运用自己所学的知识来尝试一步步地完成任务。有了任务探究单的指引,有了协同学习小组成员的帮助,学生清楚自己的任务是什么,目的更明确,学习效率也会更高。通过这节品社课的学习,相信学生在《小学探究型课程》四年级第二学期《关注身边的垃圾》的学习也会得心应手。

“协同学习”倡导学生是学习的主体,知识获取的方法由学生通过合作学习去发现,而教师的主要职能是积极引导和启发,帮助学生去获得知识,并综合运用。实践表明,三年级的学生学习能力还有限,而协同小组的学习方式可以为学生创设宽松的学习氛围,发挥小组成员的互助力量,集思广益,从而有效提高自身的学习效率和水平,使整个学习过程丰富而又充满活力。

（曹佳婷）

智慧 4 - 10 ————————————————————————————————

"活力四射"的综合课程

让青少年学会生存、学会理财、学会关爱，成为能够负责任的社会人。基于这样的一种教育理念，再结合我校的协同文化理念，我们开展"学 CEO 爱心义卖"课程，这个课程是学校成长课程之一，围绕学生发展核心素养，结合学校品牌建设，以"协同教育"为核心，打破学科疆界，通过课程统整、活动协同的研究实践策略，将创业营销模式实践、关爱他人的爱心实践和学科素养相结合，充分发挥家校合作作用，将社会主义核心价值观细化为行动，引导学生自主参与、主动设计、发挥才能，形成综合性实践活动课程。该课程整合各项资源，鼓励学生在课程中运用所学的技能与知识，拓展学习深度与广度，是真正意义上的"活力"的展现。

一、"学 CEO 爱心义卖"综合课程的设计与实施

本课程在实践中共需要如下步骤：

（一）前期准备

充分发挥家长资源，寻找需要我们爱心捐助的贫困地区，及时报道介绍，学校进行宣传，激发学生献爱心的愿望。在正式生产时，每班可邀请 4—5 位家长以产品顾问的身份，来校参与指导公司员工生产产品，家校合作参与，体现协同。

（二）课程实施

1. 细化能力培养，体现协同文化

（1）合作组队公司：以班级为单位，学生自愿组合成立创业公司，通过讨论，明确公司名称、员工分工。组内每位成员参与初步设想，进行产品方案介绍。产品要求自制，强调原创性，所有产品的生产主要用学校提供的原材料，不能是网店半成品。避免铺张浪费。

（2）尝试市场调研：成立的公司完成一个产品样品，并做好推广的设想。鼓励学生向家长、伙伴、老师等周边人群进行调查，了解自己的产品的受欢迎程度和价格区域。

（3）创设借贷情境：要求学生学会计算成本、收益、定价，通过向学校银行贷款（需支付 10％的银行利息），才能购买原材料。

（4）学会营销推广：学生必须学会填写贷款提案，围绕如何使产品、摊位吸引顾客进行讨论，完成相关方法设计。

（5）演讲展示平台：班级海选，每个公司进行演讲，介绍自己的产品，确定 2—3 个公司参加学校投标。中标公司则可以再次在班级招收员工，正式生产。（保证人人参与。）

（6）学会岗位定责：一旦招标成功，则需要学生在公司里再次进行详尽的岗位分工，如供应经理、项目经理、财务经理、广告营销经理、公司其他人员等。分工定责的过程，也是学生综合能力的体现。

2. 爱心义卖设摊，展现协同能力

参与全校爱心义卖活动，各公司设摊宣传，将收入捐献给捐助对象。其中，公司要对摊位进行包装设计、宣传手段等思考，进一步市场化学习。

综上所述，在课程中，我们不仅整合资源，更注重学生各种能力的体验与发展：

（1）合作能力培养：我们引导学生在组建公司、生产产品、推广产品的学 CEO 创业实践活动中，感受如何与他人协作。

（2）语文素养培养：通过收集信息、宣传自己、表达想法，运用语文学科的学科素养、表达能力。

（3）财商能力与数学学科素养培养：通过学习向学校银行贷款、学会计算成本、收益、定价、利息等，和学校数学课程协同，初步体验理财。通过实行公司化运作，帮助学生了解市场规则。

（4）家校合作：家长通过作为产品顾问参与学生产品设计、指导学生自己手工制作产品，加强亲子沟通；通过爱心义卖活动，让学生和家长共同参与，奉献爱心，形成互动合作育人环境。

学生在综合课程的不断主动学习中，促进了能力的发展，综合素养也得到提高。

二、"学 CEO 爱心义卖"综合课程的实践反思

从第一阶段公司组建、研发确定产品方案，到第二阶段通过银行审核、进行贷款，再到第三阶段采购材料、批量生产、广告宣传……每一件产品都是学生亲手制作。在义卖会上，每一个公司更是使出浑身解数，施展各种才能吸引顾客，为的是能多卖出一件产品，多帮一个同龄的孩子。

整个义卖活动过程，其实是一次各学科的有机协同：从公司组建，他们学会怎样与人相处、合作，这是少先队活动课常有的主题；研发产品环节，爱好科学的、美术的、音乐的，动手能力强的各路小仙各显神通；计算成本、申请贷款、采购材料、核算单价等任务，各家首推数学能力最强的组员担当；广告宣传、招揽客人，自然轮到能说会道、敢于表达的语文小达人头上……活动融合了学生多学科素养，促进了学生"社会责任、人文底蕴、科学精神、实践创新"等核心素养的展示与提升。

但是，其中也有一些需要思考的地方：怎样确定家长在其中参与的程度、怎样能更加关注学生个体差异和个体发展情况，如实反映学生达成活动要求的情况等。这些是我们在课程中需要不断进行研究调整的。在协同的大理念下，不断研究、细化与精简，才能最大程度呈现"活力四射"。

（杨晟逸）

第五章　规范：制定清晰明确的流程

　　协同教研是一种跨学科的教研组织形式。同一年级组的各科教师基于协同共享教学资源的前提将建协作科研团队。规范不仅代表教师团队教学的严谨态度，而且是实现课堂高效的推动力，而将其运用到教学实践中，则进一步体现出协同教学的科学性与合理性。规范的教研流程不仅能够合理有效地落实协同教学工作，更是帮助教师团队构建大课程观的一种有效载体。

- 智慧5-1　于协同教学实践中体现规范性
- 智慧5-2　规范，让协同的脚步更稳健
- 智慧5-3　不以规范　不成发展
- 智慧5-4　恪守规范，大力推进协同教学
- 智慧5-5　"规范"在提高教学有效性方面的表现
- 智慧5-6　在规范中求实效　在探索中求突破

N：norm 规范，这是我们的准则：依据规范的协同教研流程。"规范"，究其本意，一方面可以作标准、典范之意，表明做事合乎标准，思路正确；另一方面又可以作原则之意，指从事某种活动所要遵守的几个规则，而遵守原则在过程中往往可以促使我们事半功倍地完成任务，从而最快地到达目的地。

为了保障我校"GREEN 协同教学"的有效落实，我们首先要做的就是组织各科任课教师打造具有高度凝聚力的教研团队，然后制定规范的协同教研流程，促使教师们科学高效地进行"协同教学"的准备工作。在跨学科的协同教研组中，每个教师围绕共同的目标并为之努力，建设规范高效的教研团队；同时又不断从中汲取智慧和力量，感受团队之间相互支撑、相互激励的良好氛围。教师们关注"共同"之中的不同，倡导多样化的思想、观念，让每位教师感受到教研组是自己的"家"，而"协同教研"组不仅是一个温暖而舒适的场所，大家可以在这里互相交流，加深感情，更是一个智慧的"大家"，将教师们不断闪现的智慧之光凝聚起来，一点一点地形成一个完整的智慧体。在具体实施过程中，结合教师的意愿，我们将任教同一年级的各科教师基于课题研究的需要组建成研究组，并依据研究能力的不同而做一定的分工，共同的研究兴趣和研究指向则是将大家联结在一起的核心纽带。为了进一步保障协同教研活动的时间与空间要素，我们将学期初、学期中和学期末的三次教工学习时间给予各年级组开展协同教研活动所用，并且固定教研场所和年级组内的成员教师，赋予年级组长活动组织权和协同点决定权，以确保协同教研活动的顺畅组织和协同内容的有效落实。学校教研团队成员通过一次次规范的协同教研活动打开了跨学科的绿色通道，不同学科教师间的交流与互动，打破了教师只局限于单一学科思考问题的壁垒，使得教师的教学设计思路得到了拓宽，课程统整理念得到有效提升。

　　"规范"是开展协同教学的准则，是"协同教学"的灵魂。规范不仅代表教师教学的严谨态度，更是实现课堂高效的推动力，通过教师的研讨交流，设计多样的教学策略，制定具体的研究方案，并将其运用到教学实践中，体现出协同教学的科学性与规范性。正是有了规范的协同教研流程，"协同教学"才能少走弯路，在我校得以高效率地开展，并不断结出丰盛的果实。

智慧 5－1 ─────────────────────────────────────

于协同教学实践中体现规范性

"协同教学"是一种双学科或多学科的课程组织模式，它强调学科间的内在联系，强调不同学科的相互整合。语文学科的综合性、工具性决定了它与其他各门学科间的紧密联系。进行协同教学就是要打通学科间的壁垒，使学科间融会贯通，以弥补分科教学所带来的缺陷。第一步就是要组织规范科学的教研活动，需要各学科老师组成教研组对协同教学进行深入研究。

本学期，我们一年级语文、品社、数学、英语、音乐、体育、美术等教师通过交流组建了一个跨学科的教师协作小组，具体流程是：

（一）各学科老师首先通过对各自教材的细致研究，做相应学科的内容介绍，老师们根据自己学科的内容寻找相似的协同学科内容，进行组合，形成跨学科教学。

（二）各学科老师确定内容之后，联合其他学科老师开始制订协同计划，安排好教学时间，设计协同教学主题。

（三）协同小组将各学科涉及相关内容的课题进行罗列、筛选，对其教学时间、教材内容、教学要点、协同说明等进行调整、修改、补充，制定出该主题的教学计划。

规范不仅代表教师教学的严谨态度，更是实现课堂高效的推动力，通过教师的研讨交流，设计多样的教学策略，制定具体的研究方案，并将其运用到教学实践中，体现出协同教学的科学性与规范性。

一、协同教学案例

教学规划：一年级第一学期协同主题定为"我上学了""动物天地""拥抱秋天""迎接新年"四大类。以"我上学了"为例：

（一）教学目标

1. 通过看图说话、儿歌学习，感受成为小学生是很快乐的。

2. 带领学生参观，认识学校各教室的名称，让学生在熟悉校园环境的同时，会用彩纸绘制学校各部门标志，并懂得要爱护校园设施。

3. 通过"找朋友"的游戏，让学生学会与同学交往，介绍自己，认识新朋友，并感受到学习的快乐。

4. 能认识各任课老师的姓名及班级同学的姓名，会书写任课老师的姓。对班级同学和老师产生亲近感和进一步交往的兴趣，增进友谊。

5. 引导学生以活泼欢快的情绪，充满激情地歌唱，表达对幸福生活的热爱和对美好未来的憧憬，产生为自己是一名小学生而自豪的情感。

（二）学情分析

1. 一年级新生刚入学，对小学里的一切都是陌生的，因此通过协同课来培养学生对学习的热情，培养学生以正确的心态迎接新学期。

2. 学生们互相介绍，既能培养说话能力，又能激起学生做学校小主人的自信心。

3. 小朋友们在幼儿园已经有了"数"的概念，所以叫号游戏既能复习生字，又能熟记数字，一举两得。

（三）主题列表

学科	教学时间	教学内容	教 学 要 点
语文	第 1 周	学前准备《我是小学生》	通过看图说话、儿歌学习，感受成为小学生是很快乐的。

学科	教学时间	教学内容	教 学 要 点
品社	第1周	第一单元《校园探秘》	通过校园里的参观考察活动，使学生了解校园一般设施的构成与分布，以及这些设施的功能，并知道爱护它们。
语文	第1周	学前准备《我高高兴兴上学校》	通过看图说话，让学生进一步认识学校，了解学校，激发学生喜爱学校、喜爱学习的感情。
科学与技术	第1周	第一课《认识我们的周围》	了解学校及其周围，找出学校中动静的变化，学会观察身边的事物。
数学	第1周	第一单元《我们的教室》	能按形状、颜色、大小、状态等将熟悉的物体进行分类并计数。
体育	第1周	《我们的操场》	了解学校操场的体育设施及其功能。
语文	第1周	学前准备《学校里同学多》	学做找朋友的游戏，学习与同学交往。
语文	第1周	学前准备《王老师教我们语文》	在活动中认识任课老师，产生亲近教师的情感。培养初步与人交际的能力。

同时，我们开展了语文与其他学科的联合教研活动。组织教师经常与其他学科教师相互听课；对典型课例请相关学科教师一起备课、研讨案例，通过真实的案例研究，让教师从中领悟到如何协同，怎样的才是有效的协同。

教学背景：

一年级第一学期品社《校园探秘》的教育对象是刚入学的儿童，他们对小学生活既充满好奇、渴望，同时存在担心和疑虑。这些儿童的生长环境不同，个性不同，他们对学校的感受和体验也会有很大的差异。在注重素质教育的前提下，利用学校的各种设施，对学生实施针对性的教育。学生通过校园探秘活动，熟悉自己的校园，增进对学校的了解与亲近感，了解学校的设施、设备。在一年级语文教材入学准备期中也有相关的内容，《我高高兴兴上学校》一课就是在学生参观学校、了解学校的基础上随文识字、指导朗读。因此，我们品社、语文教师在一起讨论，决定将品社、语文的教学活动结合在一起，组织探秘小分队开展校园探秘活动。

（四）活动过程

1. 教师带领"探秘小分队"的成员实地参观校园环境及设施：有办公室、美术室、唱游室、操场、卫生室、门房间、厕所以及操场上的设施等。

2. 参观的过程中，教师认真观察学生的活动情况，并引导学生对哪些是"上课"的场所、哪些是"下课"活动的场所作出分析及判断。

3. 提醒学生校园里哪些地方可以随便进入，哪些地方不可随便进入，哪些地方不可攀爬，哪些地方不安全。在活动中，他们也认识了不少汉字，如"校长室"的"校"等。

4. 参观后，要求每位学生把参观中印象最深的地方用笔画出来，把自己认为最美丽的地方和最危险的地方也画出来。

5. 学生描述自己所画的内容，进一步增进对学校的认识。

6. 教师布置给学生校园探秘活动作业"贴图标、画图标"，让学生动手剪一剪附页上的图标，并贴在相应的位置，并在图标旁再设计一个不同的图标，引导学生进一步了解学校的基本布局，同时让学生初步形成识图能力。

7. 由组长组织，以四人小组为单位填写活动作业评价表。

校园探秘活动评价表

班级：　　　　　　姓名：

指标	自评	组长评	教师评
对学校设施有兴趣，能参与探究活动	☆☆☆	☆☆☆	☆☆☆
乐于与同伴合作并分享自己的发现	☆☆☆	☆☆☆	☆☆☆
能用语言、绘画等方式表达自己的探究活动与结果	☆☆☆	☆☆☆	☆☆☆
总星数	（　　）颗	（　　）颗	（　　）颗
综合星级数	8—9 颗星：能积极参与，认真思考，请保持！ 6—7 颗星：能完成老师布置的活动作业，还可以更好！ 0—5 颗星：作业有待提高，加油！		
我的收获			

8. 教师根据学生活动作业及评价表进行总结,目的是再一次让学生了解学校的基本设施,并帮助学生学会利用一些有关的校园设施来解决生活和学习中会遇到的问题,从而激发学生喜欢学校、喜欢学习的情感。同时,让学生体会到自己发现问题、解决问题的必要性,增强学生的观察能力、自我动手能力。

教学策略:

运用任务导向策略以及情景教学策略,将课本知识与实践活动紧密结合,使学生在活动中能够加深对学校环境与基本设施的了解,一方面激发了学生对学校的好奇心、认同感,另一方面完成了课本知识的教学,在活动中,学生通过交流,增进了师生之间的关系,融洽了班级的气氛,促进一年级学生快速适应学校的学习与生活。

二、案例反思

一年级的小学生对校园的认识并不深刻,因此进行必要的校园参观可以让学生从感官上初步了解学习环境,为今后能深入了解学校打下基础。从学生自身考虑,对学校的了解可以增进他们对学校的喜爱之情,增进师生之情,增进安全意识,对其今后的学习生活有很大的帮助。通过"校园探秘"这节课的学习,不仅使学生了解学校的基本情况,同时还让学生学会自己去发现问题、解决问题的方法、能力。在活动中,首先,利用"探秘小分队"的形式,进行校园的参观活动,目的是让每位同学都成为这个小分队的成员,增强活动的神秘感,从而激发同学的兴趣,更好地对校园进行观察;其次,利用动手画图的活动,让学生充分展现自己的才华和优点,发挥其创造力和想象力,激发学生学习的乐趣;最后,发给每位学生活动作业,让学生在动手制作的过程中,了解学校的设施、布局,培养良好的方位感。

（毛　玮）

智慧 5 - 2

规范，让协同的脚步更稳健

我校开展协同教学已有数年，在不断的摸索、研究、实践、总结中，已日渐成熟，形成了一系列规范的流程。每个学期、每个年级都有相应的学科协同指南。开学初，科研室便按年级分场，组织同一年级的各学科老师在一起，交流本学期各学科的教材主要内容、教学主目标、教学训练重点等，通过交流，大家一起挖掘学科之间教学内容的关联点，结合当下的教学新形势、新资源等因素，在原有的协同指南基础上进行修改和补充，确定协同点、各学科能提供的学科资源、能提供的补充资源等，这样就形成了新学期的协同指南。在此基础上，相关学科老师再一起讨论，决定使用怎样更适切的教学策略、落实教学时间等，这样就形成了一套有主题、有系列的协同计划。

到了学期中期，科研室还要召开学期第二次协同教学研讨，一是汇报上半学期的协同教学落实情况，然后汇总相关协同课的教案、媒体、反思等，上传科研室，形成资料和共享资源。二是讨论下半学期的计划和策略。

在这样规范的协同教学流程引领下，老师们不仅知道自己要做什么、怎样做，更会不断追求怎样做得更好。下面我以一年级第二学期一节语文课和科学课的协同为例，谈谈我们的具体做法和思考。

一、实践案例

（一）案例背景

爱因斯坦曾说过："发现问题远比解决问题更重要。"学习是发现问题及解决问题的过程，语文教学中培养学生的质疑能力至关重要。我们要在课堂教学中，激发学生"想问"，鼓励学生"敢问"，培养学生"会问"，促使学生"好问"，使学生不仅学到知识、发展能力，更重要的是提高发现问题、提出问题的能力，从而养成主动探究、创新的习惯。

纵观我们现阶段 S 版教材，从二年级直至五年级的教材，一直把培养学生的提问能力作为重点加以训练。可以说培养学生的"问题意识"贯穿小学语文教学的始终。因此，低年级段时，教师渗透问题意识、培养学生提问能力就显得尤为必要了。

而在协同教研讨论修改指南时，科学老师介绍到他们本学期的第二单元教学内容为《认识身边的动物》，其中有介绍到青蛙，且主要的教学目标是引导学生观察生活，培养探究意识和能力。这正与我们语文重视培养"问题能力"不谋而合。

（二）策略选择

我们就确定了语文《小蝌蚪找妈妈》和科学课《认识身边的动物》协同，采用任务导向策略，语文课先上，通过学习，让学生了解动物奇妙的生长过程，激发他们探究的兴趣，为科学课提供语言表达能力和学习情感资源。

（三）案例描述

《小蝌蚪找妈妈》是一篇富有童趣的课文。一群天真活泼的小蝌蚪在寻找妈妈的过程中，不知不觉变成了小青蛙，并帮助妈妈一起捉害虫。教材以童话故事的形式呈现了青蛙生长过程的科学知识，蕴含了从小能独立生活、遇事主动探索的道理。生活在城市的孩子对青蛙整个的生长过程只是些片段式的认识。外形迥异的两者怎么会是同一个生命体？这是学生心中的一个大问号，也是能激发他们求知欲望的兴奋点。因此在教学中，我采用了任务导向策略，引导学生先围绕课题提出问题，再通过自主阅读去探寻答案，既激发了学习兴趣，又提高了课堂教学的有效性。

1. 教学环节设计

（1）看图导入，引出课题。

（2）初读课文，整体感知。

（3）读了课题你有什么疑问？（预设：小蝌蚪为什么找妈妈？是怎么找妈妈的？找到妈妈了吗？……）

（4）请小朋友带着提出的问题轻声读课文。

2. 细读课文 2—4 小节，学习小蝌蚪找妈妈的过程。

（1）根据句式，看图说话。

小蝌蚪找妈妈过程中，先后遇见了谁、在干什么？小蝌蚪怎么想、怎么做的？

出示句式：小蝌蚪看见_____（谁），_____（干什么）。

（2）想象说话：看到这个情景，小蝌蚪会想些什么呢？

（3）了解青蛙部分外形特点。

（鲤鱼妈妈说蝌蚪妈妈四条腿，宽嘴巴，乌龟却说蝌蚪妈妈长着大眼睛，披着绿衣裳，到底蝌蚪妈妈长什么样呢？他们俩谁说的对呢？）

（4）小蝌蚪听了，是怎么做的，同桌互相读一读、演一演（师生合作演一演）。

3. 创设情境，了解青蛙的成长过程。

（1）小蝌蚪在找妈妈的过程中，自己也不知不觉发生了很大的变化，读 2—4 小节，画出小蝌蚪发生变化的句子。（相机板书：贴板画）

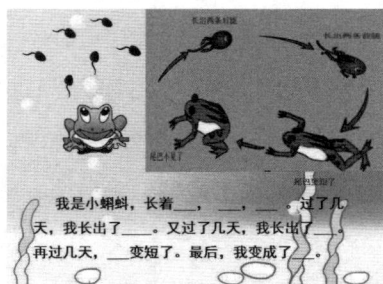

（2）原来小蝌蚪找妈妈的过程就是它慢慢变成青蛙的过程。现在你就是一只小蝌蚪，能介绍一下自己变成青蛙的过程吗？

（3）师补充：小朋友，你们知道吗？一只青蛙一年能捉一万五千多条害虫。青蛙是益虫，是庄稼的好朋友，我们一定要好好保护青蛙。

4. 拓展巩固

关于小蝌蚪和青蛙，他们还有很多秘密呢！课后，我们不妨去完成一份拓展作业，在《科学与技术》课上，和大家分享。

（1）画一画：喜欢画画的你，可以学着老师的板画，画画小蝌蚪变成青蛙的过程。

（2）养一养：现在正是春天，可以捉几只小蝌蚪回家饲养、观察、记录它的生长变化。

（3）查一查：和家长一起看书、上网查查资料，探究小蝌蚪更多的生长小秘密。

二、实践反思

"任务导向策略"强调任务的导向和调控作用，侧重培养学生运用策略和方法完成任务，让学生通过表达、沟通、询问等各种语言活动形式来学习，从而最大限度地调动和发挥学生的内在潜力，培养学生学以致用的意识和学习能力。

在本片段中，小蝌蚪的妈妈是谁？青蛙是怎么长大的？这对很多一年级的孩子来说，就是个问题，因为他没有很多生活积累。我先引导学生抓住课题提问，接着根据低年级孩子的认知能力，先引导他们找出小蝌蚪先后遇见谁、在干什么，接着问："蝌蚪妈妈到底长什么样呢？鲤鱼、乌龟他们俩谁说的对？"学生在这样一个问题引领下，积极讨论，充分调动了他们的主动性。在此基础上，再引导学生说出蝌蚪妈妈的样子，进而了解青蛙的生长过程。相机补充提问："你知道一只青蛙一天能捉多少害虫吗？"从而激发孩子继续探究的兴趣。最后通过自主拓展作业，让学生根据自己的兴趣和能力，选择一项完成。这项作业，看似是语文课的总结延伸，实则是科学课的前置学习、任务导向策略，为学习科学课《身边的动物》一课提供资源和帮助。这样的学习由课内延伸到课外，由学习富有童趣的课文到对科学知识的探求，增强了学生保护有益动物的意识，促进学生健康成长，也体现出语文学科育人的功能。

在整个教学过程中，我不断用"任务"来引导学生自主探究，让学生根据"任务"的需求来学习，变被动地接受知识到主动地寻求知识，改变学生传统的学习观，学生始终处于一种积极的、主动的学习心理状态，由"学会"到"会学"，体现了学生的自主发展，又培养了学生的自学能力。

这节课我们尝试了科学和语文学科的协同，收到了很好的效果。在学习语言文字外，引导学生学会科学的观察分析、实验及收集数据的本领。因此，除了运用任务导向策略激发学生学习兴趣和学习动力外，还可以根据学生特长组织小组合作学习，达到一个互动、互补作用；高年级段的学生已具有了一定的收集和处理信息能力，教学中，还可以采用前置学习等策略，或者几种策略有机结合，这样更有利于培养学生的综合能力。

（陆　前）

（○）智慧 5-3 ─────────────────────────────

不以规范　不成发展

何为规范？从字面上来说，"规"指尺规，"范"为模具，这两者分别是对物、料的约束器具；合用为"规范"时，指明文规定或约定俗成的标准，具有明晰性和合理性。正如我们的协同教学有着明确的规定与清晰的流程。

一、规范教研，以促发展

从 2005 年至今已经有 13 年了，在整个课题推进过程中，我们从 1.0 版的协同指南的编写，2.0 版的协同教研流程的建立，到 3.0 版的以学生问题起点为核心的协同策略研究，在有条不紊中进行着。这得益于跨学科教研组活动的规范开展。跨学科教研组是以年级组为单位，任教同一年级不同学科的老师们成为一个教研组，进行教育科研、探讨课堂教学实施协同教学的核心组织。主要有以下三个特点：

1. 完善的跨学科教研组建设，建立符合实际的跨学科教研组工作制度。学校为跨学科教研组活动提供场所和时间保证，因为涉及的任教老师有各个学科的，所以在时间上需要学校统筹安排，确保每学期两次的跨学科教研（一次在开学初，一次在期中）和一次跨学科教研展示课的顺利举行。

2. 健全以年级组为单位的教研机制。从协同教学的特殊性出发，由校科研室领导，各个年级组长为核心，统筹组织开展跨学科教研组的各项活动，并收集整理好每次活动的相关材料。

3. 明确的跨学科教研基本流程和操作程序。跨学科教研组是学校协同教学的基本单位，是保证和提高协同教学质量的基础。

基本流程：跨学科教研活动，了解各学科本学期教学内容——集体研讨，确定协同点和授课顺序（完成协同指南）——个性化设计（形成个案）——协同教学课——课后交流反思——修正完善协同指南。

操作程序：个人初探，找寻协同点——集体研讨，明确协同点——课堂教学，落实协同点——课后反思，修正协同点。

现代教学重视以学生认真听讲、主动思考、积极参与教学活动、利用所学知识解决实际问题为基本特征，以加深学生对学习的理解、提高学习效率、增加学生学习兴趣为导向的"能动学习"方式。华师大钟启泉教授认为：能动学习需要好的教师文化，实现能动学习必须转换教师教学研究的方法论，应该倡导"叙事研究"。而我校一直推行的协同教学，就是从流程上倡导教师"设计、实践、反思"的循环往复，集思广益、打破传统，改变教师的研究思路和方法，改变传统的评课标准，使教师先"动"起来。

二、教学案例：一年级第二学期语文课文《你姓什么》

（一）教学背景

这篇课文属于"读课文趣味识字"部分，以儿歌的形式写了对于自己姓什么的介绍，读起来朗朗上口，让学生感到新奇，能对课文产生浓厚的兴趣。在开学初，我们就进行了跨学科的教研，确定了这一课与品德与社会的《说说我自己》进行协同教学。根据协同指南（见下图），这一课是安排在"我的世界"这一主题的第二节进行教学的。在品德与社会课《说说我自己》中，老师对姓和名有了一个初步的教学，使学生初步地了解自己的姓氏。

我的世界

主题计划：

1. 我

（二）课前导入

1. 今天很高兴和大家来上课，我来自我介绍一下，我姓唐，唐就是我的姓。

拼读：姓（开火车拼）。

交流：你姓什么？

2.【出示媒体：我姓_____，名叫_____。】

我们的名字由姓和名两部分组成，谁能用这样的句子再来介绍。

3. 我们国家有很多人，就会有很多不同的姓，古时候人们为了记录这些姓，就有了《百家姓》这本书，古往今来中国所有的姓氏都在这本书里。

4. 今天我们就要来学一首和姓氏有关的儿歌。

（三）新授环节

1. 在学习了第一自然段后，出示任务单，让协同小组的四位成员按照要求进行学习。

任务单

① 读一读第二、三自然段，圈一圈里面提到的姓。

② 看一看它们有什么不同呢？想一想你有什么好方法记住这两个字？

③ 议一议学着第一节的样子，也来为这两个姓编一段儿歌吧！

你姓什么？我姓_____。

_____？_____。

她姓什么？她姓_____。

_____？_____。

---

2. 小组思考后进行交流讨论，教师指导学习。

3. 小组反馈成果——孩子们积极地开动脑筋，编写出了各具特色的儿歌：

你姓什么？我姓冯。什么冯？水马冯。

他姓什么？他姓黄。什么黄？草头黄。

你姓什么？我姓杜。什么杜？木土杜。

她姓什么？她姓林。什么林？双木林。

……

（四）教学效果

1. 学生根据已有水平，联系生活，通过介绍自己，对中国的姓氏进一步产生兴趣。

2. 学生课前已经调查过自己姓名的由来，姓名包蕴着的深刻意义，因而说起来条理颇为清晰。

3. 这一环节不仅锻炼了学生的语言表达，更是通过询问、诉说，感受到自己的成长离不开父母长辈付出的心血，对养育自己的父母长辈产生孝敬和感恩之心。

在"润物细无声"中协同了思品，渗透了感恩教育。学生最后书写名字时，郑重、工整，似乎要将对父母的深爱融入这每一笔每一画中。

（五）案例分析

教学片段二中，我主要运用了任务导向策略。在完成了第一自然段的教学后，根据学习步骤，出示了任务单，让学生依照学习第一自然段的方法，进行协同小组内的自学。在这一过程中，学生对教学目标和对教学内容的评价认识越清楚，就越能激发起学习积极性，从而协调师生之间、学生之间的合作关系，产生协同效应。任务单正是起到了这一作用，不仅告诉了孩子们该做些什么，也向他们明确了怎么做、做到什么程度。学生们运用已有的经验，学习生字：张、章、蒋、姜。

三、实践反思

这一教材在 2 年前我也进行了教学，但当时的协同指南中关于"我的世界"这一主题是这样安排的，

我的世界

主题计划：

1. 我

语文：　　　　《你姓什么》　　　第 1 节

品德与社会：　《说说我自己》　　第 2 节

品德与社会：　《成长的脚步》　　第 3 节

品德与社会：　《我的成长纪念册》　第 4 节

美术：　　　　《双手能画画》　　第 5 节

数学：　　　　《认识时间》　　　第 6 节

2. 我的家庭

品德与社会：　　　《我的家人》　　　　第 7 节

品德与社会：　　　《我家的故事》　　　第 8 节

3. 小结

科学与技术：　　　《你我他》　　　　　第 9 节

　　不同的是，语文的教学被安排在了第一课。但在教学时，明显感觉到学生姓氏虽然是学生自小就接触的内容，但他们并不能真正体会、理解姓氏是自己家族的一个代表。这一次的语文教学前，已经完成了品德与社会课《说说我自己》，孩子们对姓和名已经有了初步的了解。课后，老师还特意布置了每一个孩子回家了解自己名字的含义的任务。这恰好成为语文课的前置学习，课堂中学生的发言准确，在教学环节一中省下了不少时间。这节省出来的时间，为拓展部分提供了空间，学生可以更充分地进行表达，充分体现了协同教学的高效之处。

　　协同教学通过表达、沟通、交涉、解释、询问等各种语言活动形式来学习，最大限度地调动和发挥学生的内在潜力，培养学生学以致用的意识和学习能力。

　　在这一过程中，学生们始终处于一种积极的、主动的学习心理状态，协同小组组员之间的交际过程也是一种互动过程。为完成任务，学习者调动语言与非语言资源，进行意义共建，达到解决某种交际问题。协同教学的本身是想通过整合教学资源，少讲精讲，挤出时间来让学生们进行拓展。准确的课程顺序，多年积累下来的好的教学案例，也为学生们赢得了时间与空间，为学生能力提升提供了保障。

（唐佳玲）

智慧 5 - 4

恪守规范，大力推进协同教学

在教学过程中，由于各学科的教学内容相继推陈出新，其中不乏有知识点重复与冲突现象。而学生对于某些知识层面，如果没有相应的知识经验储备，是很难突破的。协同就是要将各科教材的相关教学内容串联起来，让学生对某一知识点有个系统的认识，这既能节约有限的课堂教学时间，避免同一知识点在不同课堂上的重复教学，又能牢牢抓住学生的求知欲，使这一知识点逐级在不同课堂上纵向递进或横向展延。

一、规范促成方圆

无论是课程的设置还是课程内容的选择对教师来说都具有极大的挑战性，这需要教师掌握一系列的方法、技能和策略，因此要提升教师的课程统整能力就必须有一套规范的管理体系，正可谓没有规矩不成方圆。

（一）定时间、地点、人员

在校科研室的组织下，我校于每学期开学初、期中和期末都会定点召开"协同大组教研活动"，由各年级组长领衔，引领每位老师积极投入，确保各学科都能有效参与。

（二）定任务、主题、策略

在每次跨学科大组教研活动前，校科研室会提出逐层递进的任务要求，以期不断完善每个系列的协同课程。规范的大组教研活动能够保证每年级段的各学科老师能聚在一起，从最初阐述各自教材的教学内容，到相互寻求可以协同的知识点，再到确立协同主题与策略，直至实施后的反思与调整。

可见，老师们在蛛网般的知识系统中挖掘出知识交叉点作为协同主题的切入口进行深入研究，从而不断修正学科教学研究指南，这全得益于规范的跨学科协同大组教研活动，它能确保课程建立在"大流通"上，让学科间的"互循环"达到教育内容的最大化，教学效益的最优化。

二、规范研成策略

德育为先、规范为本、素养为要是实施教育的主导思想。依据学校德育室衣食住行之"食"文化的要求，我二年级组协同各类学科活动，借《品社》第二单元"劳动编织美好生活"为背景，开展了以"水果"为主题的协同教育活动，设计框架如下：

协同主干：品社——劳动编织美好生活

探究现象：语文——《迷人的秋色》《石榴》

英语拓展——秋天有哪些水果成熟了？

↓

分析原因：数学——《统计》小朋友最喜欢吃哪些水果？

品社——《忙碌的人们》不是应季的水果怎么也能在秋天吃到？

↓

感恩实践：品社——《尊重劳动者》为家人推荐几种适合的水果？

美术——水果盛宴

体育——运水果

↓

主题升华 音乐——改编《快乐的节日》

第一层次：

先从语文课《迷人的秋色》、《石榴》两课拉开序幕，让学生品味秋天是个丰收的季节，从而探究"秋天有哪些水果成熟了？"。

再由英语课拓展，让小朋友用英语来说说这些水果的名字。

第二层次：

通过数学《统计》"小朋友最喜欢吃哪些水果？"引导质疑：为什么有些不是应季的水果也能在秋天吃到？

然后通过品社《忙碌的人们》一课的学习，让孩子们了解为了大家每天都能吃到新鲜的水果，不单单农民伯伯在辛勤地耕作，工业、运输业和商业等许多劳动者的双手也在劳作。

这是这节课的难点，为了让孩子更好地了解这些劳动者是如何为社会默默地做着贡献的，老师特别设计了一份前置学习单——采访劳动者工作记录表。让孩子们在协同小组的活动中更深入地去了解这些劳动者之间是如何相互依赖，相互合作分工的，甚至去了解有的科研人员又是如何夜以继日地在深夜、在节假日里终年不停地忙碌着的故事，促使孩子们对可爱的劳动者产生敬佩与感恩之情。

采访劳动者工作记录表

班级_____　小队名称_____

社区劳动者姓名		性别		年龄		工作岗位	
作业目标	1. 采访、了解劳动者的工作，体会他们的智慧和辛苦。 2. 用言语或行为表达对劳动者的理解和敬意。 3. 学会分工合作进行采访记录。						
工作内容							
采访感受							

第三层次：

以品社《尊重劳动者》为主线，让小朋友探究一下不同年龄的人，或不同身体状况的人，或不同的季节该吃些什么水果？

让孩子们用行动来展示自己对劳动者的尊重与关爱。如"为＊＊做个水果拼盘"；"为老人运水果回家"、在家里开个"水果盛宴"等等，让孩子在体验中以自己的实际行动来表达对劳动者的敬意。

第四层次：

运用任务导向策略，让学生以语文《石榴》一课为蓝本，在音乐课中填词（改编《欢乐的节日》），通过载歌载舞的形式升华整个协同主题教育活动。

总结：这次协同主题活动以规范为本，研发了前置学习策略、协同小组学习策略和任务导向策略，真正做到了"以生为本，德育为先"。

通过协同小组合作完成《采访劳动者工作记录表》，是一次很有价值的尝试。因为我们给予孩子的不仅仅停留在知识层面，更多的是在引导孩子如何去学习，如何学会做人，这对孩子的情感和价值观的培养是具有非常深远影响的。可见，有具体任务的前置学习具有丰富的内容，深厚的内涵，不但丰富了学习形式，而且更具指导性、趣味性和科学性。

在主题升华环节，我运用了任务导向策略很好地把语文教学与音乐教学有机结合了起来，让孩子们把在语文课上的所学，以及对语言文字的所感，用艺术的形式表现了出来，成了本次教学的亮点之一。孩子们在老师的引导下，借《快乐的节日》的曲调，不但把语文课文内容作为词填了进去，还延伸到自己的家乡，通过改编歌词，把自己家乡的水果也介绍给了大家，甚至还自编、自导、自演了自己创作的作品。这原对二年级的孩子来说是相当困难的，但通过协同，孩子们在之前的语文课《石榴》中已经进行了扎扎实实的文本细读，这填词就显得游刃有余了。尤其在此环节，孩子们还自发运用水果盛宴的形式做了水果帽戴在头上，为舞蹈锦上添花。最后孩子们带着自己制作的水果帽，唱着自己编的歌，跳着自己排的舞，真是不亦乐乎！可见，这一系列环环相扣、逐层递进的协同课程框架的设置大大激发了学生的学习兴趣，让孩子们不但在艺术感受中学会并掌握记忆的方法，还陶冶了学生的审美情操，提高了其艺术素养。

三、规范达成思考

主题协同教育活动关键点在于"协同""主题"和"教育"，我理解为通过"协同"这一有效的教育手段，设计一系列"主题"活动，运用合适的策略来起到"教育"的目的。首先，本次协同活动通过协同大组教研活动，借品社"劳动编织美好生活"作为协同主干，进而把整个协同主题教育活动层层递进地串联了起来。不过在实施过程中，需要得到各科相关老师的大力配合，甚至家长的鼎力支持，更需要时间上的保障，若其中任一环节有纰漏，整个协同活动就会逊色不少，这就需要规范。

其次，前置性学习安排时段要科学，它不一定要安排在课前，可以根据内容安排在课外或课中进行，如可以在课堂上让学生自己提出问题，通过自学、小组讨论、全班交流等形式解决。这样教师能通过学生已有的学习基础来确定教的内容、教的形式和教的方法，更好地为学生的"学"服务，这也需要规范。

最后，课堂教学是由教师、学生、教材、教法等因素构成的，这些因素相互促进，相互制约。规范地建立课程协同意识，让科学、人文、创造和谐地统一起来，能更好地关注学生的人性培养，凸显"以人为本"的理念。因此我认为依托品德与社会每个单元的主题，架构协同体系，丰满学科相关内容，能让孩子学得更深入，更扎实。这不仅仅是教育教学的一种策略，更是体现了以学生发展为本，全方位育人的教育思想，切实让协同更具实效性。

（郑　颖）

智慧 5-5 —————————————————————————————————

"规范"在提高教学有效性方面的表现

协同教学在我校已经开展了十多年，经过全体教师的努力，已经取得了丰硕的成果，在全市范围内有一定的影响力。在协同教学的实践过程中，全体教师经过积极探索，不断完善，最终总结出一套规范的协同教研流程，为协同教学的顺利开展提供了重要保障。

一、不断尝试，在实践中铸就"规范"

每学期初，各年级组的任课老师齐聚一堂，在各年级组长的带领下，对上一学期的协同指南进行梳理。老师们会依据教材的变化和假期备课中的思考，重新商议协同点。然后，根据新的协同指南，老师们在备课时对协同部分进行精心的设计，并与相关协同学科的老师做好协调，在教学时进行实践。课后，还要反思得失，并整理成文。通过这个规范的协同教研流程，我们挖掘出了许多有价值的协同点，并对这些协同课文再进行仔细研究和精心设计，在全校范围内进行课堂展示。课后，广泛听取意见，再修改，再实践，从而形成了一堂堂成熟的协同课，形成了一篇篇精彩的案例、论文。

"规范"是开展协同教学的准则，是协同教学的灵魂。正是有了规范的协同教研流程，协同教学才能少走弯路，在我校得以高效率地开展，并不断结出丰盛的果实。

二、落实"规范",提高协同教学有效性

（一）教学背景

在学期初的协同教研中,我们注意到了一篇想象力丰富的、童趣盎然的课文——《我的房间》。课文4到8节写了小作者想象中自己房间的样子。这五个小节都是先写小作者希望房间变成什么样子,再写为什么希望房间变成这样子。因此,年级组的老师经过讨论,一致觉得课文特点明显,可以尝试先带领学生学习一种房间的写法,然后在学生掌握学习方法的情况下,让学生利用协同学习小组来合作学习其他房间的写法。这样,不仅能激发学生学习的主动性,提高课堂参与度,也能使课堂教学的有效性大大提高。

策略研究:

如何让协同小组能够顺利有效地完成学习任务呢? 年级组老师再次进行了讨论。我们决定采用基于协同学习的任务导向策略,结合实际的教学内容,为学生设计一份任务单。有了任务单的指引,学生清楚自己的任务是什么,目的更明确。另外,考虑到协同小组中四个组员的不同学习能力和学习情况,我们也将任务的难易程度分层。不同难易程度的任务供不同学习水平的学生选择,相信他们完成起任务来会更加顺利,有助于提高课堂效率。

由大家的讨论结果,我们进行了总结并设计了这样一张学习任务单:

任务单

温馨提示:本次任务共有四项,请四位组员每人认领一项。

1. 读第5—8小节。

2. 自学生字。

3. 找到"我"希望房间变成什么样子,说说:

我希望我的房间是（ ）。

4. 找找"我"希望房间变成这个样子的原因,说说:

我希望我的房间是(　　　　　　　　),因为(　　　　　　　　)。

（二）教学实况

我们对教案进行了调整后,由一位语文老师进行了课堂实践:

1. 基本知识教学(略)

2. 协同学习

(1) 教师提出问题——我希望我的房子跟现在不一样,那是怎样的呢?

(2) 教师设计学习步骤:

第一步读课文,初步了解文章内容;

第二步学习生字,解决学习基本困难;

第三步学生讨论"我"希望房间变成什么样子;

第四步学生讨论"我"希望房间变成这个样子的原因。

3. 根据任务单,小组分配任务,协同学习第5—8小节,教师在一旁指导学生参与讨论。

4. 讨论结束,选择同学按照任务要求进行交流反馈。

（三）教学效果

为了了解协同学习小组策略运用的有效性,老师们将本堂课与其他采用传统学习方式的班级进行了对比、分析和总结。经对比发现,总体上,本堂课取得的效果要优于采用传统学习方式的课,主要表现在以下两个方面:

首先,学习水平较低的学生课堂教学活动参与度有了提高。由于将任务根据难易程度进行了分层,不同学习水平的学生被分在一个学习小组,组员各自有不同的发言任务,所以水平较低的学生获得了发言机会,获得了对学习的信心。长此以往,这部分学生的学习效率也将不断提高。

其次,面对相同的问题,协同学习小组组员的发言质量要高于采用传统学习方式的学生。协同学习小组的组员在交流前先自己独立思考，再组内讨论。其他组员根据这位组员的发言情况，会提出异议或者作适当补充，让这位组员的回答更正确、完善，使得发言质量大大提高。这样为课堂节约了大量的时间，其实就是在提高课堂教学的有效性。

三、恪守"规范"，让协同教学越走越远

课后，老师们一起讨论，对本课肯定了优点，提出了建议：

1. 设计任务单时，我们将学习任务设计成四个，发言者增至四位，一人针对一个任务进行发言，让每个发言者能集中精力去思考，把问题回答好。同时也让更多的学生有发言机会，得到了锻炼。

2. 在协同小组进行讨论合作学习时，上课的老师对各小组的观察很细致，介入及时，对发生问题的学生能及时提供有效的指导。如在任务认领过程中发生争执时，让学生采取猜拳方式来认领任务，可以快速解决难题，提高教学有效性。

3. 协同小组的学习方式应当是组员先独立思考，再组内讨论。但在实践过程中，我们发现讨论时，有的协同小组跳过了独立思考这一步，直接进入讨论。学习水平较高的学生思维敏捷，很快就得出了结论，而学习水平较低的学生则来不及思考就被动接受了别人的想法。因此，在日后的教学设计中要重视学生独立思考这个过程，提醒学生在小组讨论前独立想一想，再进行小组交流讨论。相信通过长期锻炼，学生的独立思考能力将有所提高。

（杨晓燕）

智慧 5 - 6

在规范中求实效　在探索中求突破

一、协同教研规范化，促进师生双边发展

协同，正如字面上的意思所言——协而同之，即指分散力量的联合应用。我校的"协同教研"以年级组为平台，多门学科携手共同打造一组相关联的课程，使其能满足各学科的教学需求，充分利用学科资源，减轻教师的教学负担和学生的学习负担，从而提高教学效率。协同教研活动主要遵循以下五个步骤：

（一）提炼教学要点：各学科的教师首先参研本学科一个学期的教材，提炼出各自的教学要点；同时，根据自己教材的特点，归纳出本学科可以参与协同和需要其他学科参与协同的教学内容。

（二）寻找协同点：在参研了各自学科的教材之后，各学科的老师讨论各自教学的教学要点，通过跨学科的交流，教师们可以在蜘蛛网般的知识系统中，寻找出一些交叉点，以此作为跨学科教学指南的切入点进行研究。

（三）确定教学内容：在确立了协同的知识点之后，各学科的教研组长一起进行研讨，确立了本学期的协同教学内容，兼顾协同的知识点。

（四）确定教学时间：教师根据自己学科的特点，各学科教学内容之间的关联性和

学生学习的经验、需求与规律，确定协同教学内容的先后次序，以确保师生都能在一个时间段内接触跨学科的知识。

（五）实践中检验调整：各学科老师主要围绕三个问题"课程是否适合学生的发展？""学生是否有兴趣参与？""协同环节是否自然流畅并符合学科要求？"对协同课进行微观研究。课后，执教老师在吸取各学科教师的点评后，对协同教学进行反思，并将教案进行再修改，进一步提高教学的有效性。

二、依据规范开展教研，提高课堂教学实效

（一）教学背景

《小冰熊》是小学语文二年级第一学期第六单元的一篇知识童话。通过叙述小熊在妈妈的帮助下，知道了怎样照顾小冰熊，使它不会融化的故事，告诉孩子们一个科学知识：冰受热会融化；而棉被能隔热、保温。将科学知识融于童话故事中，既生动又有趣。文中的小熊是一个富有爱心的孩子的化身，他非常喜爱妈妈送的新年礼物——小冰熊，又抱又亲，睡觉还怕小冰熊受冻。将"冰"的特性，通过妈妈的口讲出来，既亲切又浅显易懂。

在研读教材后，我发现"冰受热会融化，棉被等能隔热、保温"的科学知识在生活中应用广泛，但学生理解起来有难度。通过跨学科的协同教研活动，我又发现二年级第一学期科学与技术教材中，有一个单元叫《衣服的故事》，主要介绍了衣服的作用。其中有一课介绍的是衣料，告诉学生不同的衣料有不同的特点，保温效果也不一样。于是，我和科技老师基于这一协同点进行了包含协同资源的教案再设计。

（二）教学过程

1. 教师运用任务驱动学习策略，学生在教师的帮助下，紧紧围绕一个共同的任务活动中心，在教师的提问下，学生进行自主探索和互动协作的学习，并完成既定任务。

2. 找出文章重、难点："小冰熊跟你睡在一起，你身上的热量传给它，小冰熊受热

后会冒汗融化。让它单独睡在棉被里，棉被会隔开外边的暖空气，替小冰熊保持原来的温度。"

（1）教师提出问题："为什么小冰熊跟小熊睡在一起会冒汗融化，而单独睡在棉被里却能保持原来的温度？"

（2）学生阅读句子，思考"_____（什么情况下），小冰熊_____（怎么样）"。

（3）引导学生圈出关键词："睡在一起""融化"，并借助词语和句式完整地概括第一句话的意思"跟小熊睡在一起，小冰熊会融化。"

（4）最后找到造成小冰熊融化的原因就是"冰受热会融化"。

（5）通过圈画词句，学生读懂了句意，还知道了一个科学知识。

运用这样的方法，学生自主学习了熊妈妈的第二句话，圈出了关键词"单独睡""保持""温度"，借助句式概括了第二句话的意思"单独睡时，小冰熊能保持原来的温度"。并找到了小冰熊能保持原来温度的原因就是"棉被能隔开外边的暖空气"。

3. 进一步思考：熊妈妈为什么要选择用棉被包裹小冰熊，而不选用其他的材料呢？用这样的科学知识保护小冰熊到底有没有效果呢？学生带着问题进入科技课通过实验去寻找答案。

4. 知识背景：科技课《衣服的故事——衣料》一课中，探究了不同衣料的作用，比如有的衣服可以防水，有的衣料可以防火……不同的衣料在保温性能方面也有所差别。

5. 实验方法：用不同的衣料包裹冰块，比较冰块的融化速度，既能帮助学生了解隔热保温的原理，又能研究不同衣料的保温性能。

附实验过程：

（一）实验用具：棉布、麻布、真丝、涤纶、冰块

（二）实验目的

1. 通过比较没包裹的冰块和包裹着的冰块的融化速度，了解隔热保温的原理。

2. 通过比较不同衣料包裹的冰块的融化速度，了解不同的衣料的保温性能。

（三）实验步骤

将冰块置于同样的环境条件下，用不同的衣料完全包裹住冰块，其中一块冰块不

用包裹。经过一段时间后，观察冰块的融化程度。

（四）实验结果及原理

1. 用衣料包裹着的冰块比没包裹的冰块融化速度慢得多，这是因为冰块包在衣料里面，衣料会隔开外边的暖空气，替冰块保持原来的温度。

2. 用棉布包裹着的冰块比用其他衣料包裹的冰块融化速度慢得多，这说明棉布的保温性能最好。

我相信通过语文课的理论学习，以及科技课的动手实践，学生们对于《小冰熊》一课的理解会更加深入，对于"冰受热融化"和"棉被能隔热保温"这两个科学知识的记忆也会根深蒂固。这样的协同学习方式不仅提高了学生的学习兴趣，同时实现了高效的课堂教学。

三、在不断反思中提升，在不断探索中突破

语文教材涉及的知识面很广泛，但是学生的生活经验是有限的，要在有限的课堂中让学生尽快地理解和感悟，就要协同有关的学科知识点，利用有效的手段帮助学生更直观、更具体地理解和感悟。就像本课涉及的"冰受热融化"和"棉被能隔热保温"这两个科学知识。"冰受热融化"的知识对于学生来说不难理解，而"棉被能隔热保温"的知识对于学生较难理解。通过科学实验，学生就能从理性的层面认识到熊妈妈用棉被包裹住小冰熊的真正原因了。这样将语文学科中通过文本收获的知识与科学技术相协同，对于学生而言不仅能提高课堂效率，还能有利于知识的迁移拓展。

从教研角度来看，虽然不同学科有各自的特点，但学科间共性的东西还是不少的。比如教育学理论、心理学理论以及教学模式等等，这就说明协同教研是具有共同的基础理论的。学段和年级越高，学科的知识难度越大，学科的专业性也就越强。那协同教研的终极目标究竟是什么？可操作的抓手又是什么呢？基于《小冰熊》这节课，我初步有了一些不成熟的想法：协同教研应该立足于各学科的学科特点，紧扣住各学科的共性规律，从实际的课例入手，引入理论知识。通过对某个课例的层层深入解剖，或者

对众多课例的系统整理，自下而上归纳出共性的策略类、方法类建议。只有这样的协同教研才能促进所有参与者，激活各学科老师的思维，促成大家真正形成教研互助的团队。

（杜怡雯）

后　记

从茢从十　众之同和

大自然中,包容无处不在,智慧无处不在。大地以其宽阔的背脊支撑万物、融合万物,成就大自然的绚丽多姿;海洋以其伟岸的胸怀接纳百川,成就大海的博大稳重;天空以其无垠的胸襟包容云朵,成就了蓝天的自由与宽广。

而在教育中,学科之间也并非完全隔绝,不同学科的内容也能在交叉的知识点上达到和谐统一。试想一下这样的场景:在科技馆,学生看到的不仅仅只有科学学科课程资源,那由一束束激光构成的琴弦演奏着美妙的乐曲,也许与音乐学科有关;那一份份简洁却颇能吸引人的说明,也许与语文学科有关;那一个个构思独特的未来建筑设计,就可能与美术学科有关……

我校的协同教学实践研究始于 2005 年,当时就是为了解决分科教学的弊端,打通基础型学科间的通道,通过协同资源点的梳理,整合多学科课程,为学生架起立体的知识桥梁。经过这十三年来的浸润式探索,我们一步步尝试着去摸索一些"协同"的通道,并试着去把这些"通道"梳理、总结、提炼,从而形成了我们现今的《课程统整理念下的小学协同教学实践研究》《小学协同教学实践研究再论》以及《小学协同教学实践研究三论》这一系列书籍。尤其是《三论》一书,与前两本书相比较,在已有协同指南和协同教研的基础上,更注重协同教学中的微技术研究,即教师教学策略的运用与实施,也逐步将协同教学的实施落实在三类课程的统整上。同时,根植于对区"绿色生态教育"的理解,我们深化原有协同教学的内涵,在第八期学校规划中提出了"GREEN 协同",不仅仅明确了我们新一轮协同教学实践研究的目标,还明确了我们在落实这一目标中所需遵守的规准,所要付出的努力,所需投入的活力以及"协力齐心和合共同"的探索精神。

应和着协同教学在各学科中的有序落实,一篇篇生动的绿色协同案例在师生们和谐的课堂互动中应运而生。我们看到教师的大课程观正在逐渐形成,我们看到学生的综合能力正逐步提高,我们看到学校的协同教学实践研究正引领学校跨过一年又一年的光辉岁月。

《说文解字》中为"协"字的注解为"众之同和,从劦从十",其中"劦"字的解释为"聚力","十"字旁有"四面八方"之意,于是我们一边感叹中华文字的博大精深,一边又细细品味着"协同"之意。我们发现:协同已不仅仅是一种教学方式的整合,更多的是在整个校园环境中所有人、事、物在意识形态、在行动引领上的自觉自发地统整。每位师生在四中心小学的成长都离不开"协同"的陪伴,而我们也相信四中心未来的协同之路将越走越宽广。

聚众力,驭未来。最后祝愿虹口区第四中心小学 30 周年校庆快乐!

虹口区第四中心小学

"品质课程"阅读书目

学校整体课程规划	978-7-5760-0423-6	48.00	2022 年 1 月
推进育人方式变革的区域教学改进研究	978-7-5760-2314-5	56.00	2021 年 12 月
学校整体课程规划的七个关键	978-7-5760-0424-3	62.00	2021 年 3 月
课堂教学的 30 个微技术	978-7-5760-1043-5	52.00	2020 年 12 月
教学诠释学	978-7-5760-0394-9	42.00	2020 年 9 月
原点教学：提升区域育人质量的策略研究	978-7-5760-0212-6	56.00	2020 年 8 月

品质课程聚焦丛书

自组织课程：语文学科课程群新视角	978-7-5760-1796-0	48.00	2021 年 12 月
数学作为学习共同体：一种新的数学课程观	978-7-5760-1746-5	52.00	2021 年 12 月
学科育人的整体课程范式	978-7-5760-2290-2	46.00	2021 年 12 月
聚焦育人质量的学科课程设计	978-7-5760-2288-9	42.00	2021 年 11 月
活跃的学习图景：学校课程深度实施	978-7-5760-2287-2	48.00	2021 年 11 月
学科文化：英语学科课程新视角	978-7-5760-2289-6	48.00	2021 年 12 月
课程联结：学科课程群设计方法	978-7-5760-2285-8	44.00	2021 年 12 月
数学学科课程决策：专业视角	978-7-5760-2286-5	40.00	2021 年 12 月
特色项目课程：体育特色课程的校本建构	978-7-5760-2316-9	36.00	2021 年 12 月
进阶式探究课程设计：学科整合视角	978-7-5760-2315-2	38.00	2021 年 12 月

学校课程发展精品丛书

学科课程群与全经验学习	978-7-5760-0583-7	48.00	2021 年 1 月
育人目标与课程逻辑	978-7-5760-0640-7	52.00	2021 年 2 月
学科课程与深度学习	978-7-5760-0505-9	52.00	2021 年 2 月
学校课程的文化表情：百花园课程的学科指向与深度实施			
	978-7-5760-0677-3	38.00	2021 年 2 月
学校文化与课程变革	978-7-5760-0544-8	62.00	2021 年 2 月
语文天生重要：语文学科课程群设计	978-7-5760-0655-1	44.00	2021 年 2 月
五育并举的课程体系：致良知课程的旨趣与探索			
	978-7-5760-0692-6	48.00	2021 年 1 月

学科课程与育人质量	978-7-5760-0654-4	48.00	2021 年 1 月
在地文化与课程图谱	978-7-5760-0718-3	46.00	2021 年 2 月
中观课程设计与学科课程发展	978-7-5760-0624-7	36.00	2021 年 1 月
大教学：英语学科核心素养培育的课程模式	978-7-5760-0462-5	46.00	2021 年 1 月

📖 特色学校聚焦丛书

儿童是天生的探索者：360° 科学启蒙教育	978-7-5675-9273-5	36.00	2020 年 2 月
做精神灿烂的教师：教师自我成长的 5 个密码	978-7-5760-0367-3	34.00	2020 年 7 月
让教育温暖而芬芳	978-7-5760-0537-0	36.00	2020 年 9 月
快乐教育与内涵生长	978-7-5760-0517-2	46.00	2020 年 12 月
故事教育与儿童发展	978-7-5760-0671-1	39.00	2021 年 1 月
美好教育：学校内涵发展的循证研究	978-7-5760-0866-1	34.00	2021 年 3 月
把美好种进儿童心田	978-7-5760-0535-6	36.00	2021 年 3 月
倾听生命的天籁："天籁教育"的实践与探索	978-7-5760-1433-4	38.00	2021 年 9 月
为了每一个孩子的美好心愿	978-7-5760-1734-2	50.00	2021 年 9 月
向着优秀生长："模范教育"的理念与实践	978-7-5760-1827-1	36.00	2021 年 11 月
让个性自然发荣滋长："引发教育"的理论寻源与实践探索			
	978-7-5760-2600-9	38.00	2022 年 3 月

📖 跨学科课程丛书

大情境课程：主题设计与创意评价	978-7-5760-0210-2	44.00	2020 年 5 月
社会参与素养的培育模型与干预机制	978-7-5760-0211-9	36.00	2020 年 5 月
大概念课程：幼儿园特色主题活动设计	978-7-5760-0656-8	52.00	2020 年 8 月
项目学习：进入学科的课程智慧	978-7-5760-0578-3	38.00	2021 年 4 月
STEAM 课程的设计与实施	978-7-5760-1747-2	52.00	2021 年 10 月
幼儿个性化运动课程	978-7-5760-1825-7	56.00	2021 年 11 月
幼儿园特色课程的框架与实施	978-7-5760-2598-9	48.00	2022 年 3 月

📖 核心素养导向的课堂教学丛书

| 转识成智的课堂教学：核心素养导向的历史教学 | | | |
| | 978-7-5760-0164-8 | 40.00 | 2020 年 5 月 |

学导式教学：学会学习的教学范式	978-7-5760-0278-2	42.00	2020 年 7 月
高阶思维教学的关键技术	978-7-5760-0526-4	42.00	2021 年 1 月
会呼吸的语文课：有氧语文的旨趣与实践	978-7-5760-1312-2	42.00	2021 年 5 月
高阶思维教学的核心指向	978-7-5760-1518-8	38.00	2021 年 7 月
磁性课堂：劳动技术课就这样上	978-7-5760-1528-7	42.00	2021 年 7 月
核心素养导向的作业设计	978-7-5760-1609-3	40.00	2021 年 8 月
语文，让精神更明亮	978-7-5760-1510-2	42.00	2021 年 9 月
"六会"教学法：基于核心素养的课堂教学	978-7-5760-1522-5	42.00	2021 年 9 月

特色课程建设丛书

教师，生长的课程	978-7-5760-0609-4	34.00	2020 年 12 月
学校课程发展的实践范式	978-7-5760-0717-6	46.00	2020 年 12 月
丰富学习经历：如歌式课程的愿景与深度	978-7-5760-0785-5	42.00	2020 年 12 月
学科课程群设计方法	978-7-5760-0579-0	44.00	2021 年 3 月
学校美育课程的立体建构：菁华园课程的逻辑与框架			
	978-7-5760-0610-0	36.00	2021 年 3 月
关键学习素养与学科课程设计	978-7-5760-1208-8	34.00	2021 年 4 月
学校课程设计：愿景建构与深度实施	978-7-5760-1429-7	52.00	2021 年 4 月
生长性课程：看见儿童生长的力量	978-7-5760-1430-3	52.00	2021 年 4 月
"慧阅读"课程：儿童视角	978-7-5760-1608-6	42.00	2021 年 6 月
诗意栖居的课程愿景：智慧岛课程的逻辑与深度			
	978-7-5760-1431-0	44.00	2021 年 7 月
每一个孩子都是最重要的人：V–I–P 课程的内在意蕴与学科视角			
	978-7-5760-1826-4	54.00	2021 年 8 月
给每一个孩子带得走的能力：井养式课程的旨趣与探索			
	978-7-5760-1813-4	42.00	2021 年 10 月
指向核心素养的课程统整框架：I AM BEST 课程的学科之维			
	978-7-5760-1679-6	48.00	2021 年 11 月